"中国劳模"系列丛书

U0726578

中国劳模

"人刀合一"的传奇工匠李凯军

佘飞◎著

吉林出版集团股份有限公司
全国百佳图书出版单位

图书在版编目（CIP）数据

"人刀合一"的传奇工匠：李凯军 / 佘飞著. --
长春：吉林出版集团股份有限公司，2024.3
（"中国劳模"系列丛书 / 徐强主编）
ISBN 978-7-5731-4526-0

Ⅰ.①人… Ⅱ.①佘… Ⅲ.①李凯军 – 传记 Ⅳ.
①K826.16

中国国家版本馆CIP数据核字（2024）第010911号

"RENDAO-HEYI" DE CHUANQI GONGJIANG: LI KAIJUN
"人刀合一"的传奇工匠：李凯军

出 版 人	于　强	
主　　编	徐　强	
著　者	佘　飞	
组稿统筹	东北师范大学文学院创意写作研究中心	
责任编辑	王丽媛	
助理编辑	张碧芮	
装帧设计	张红霞	

出　　版	吉林出版集团股份有限公司	
发　　行	吉林出版集团社科图书有限公司	
地　　址	吉林省长春市南关区福祉大路5788号　邮编：130118	
印　　刷	唐山富达印务有限公司	
电　　话	0431-81629711（总编办）	
抖 音 号	吉林出版集团社科图书有限公司　37009026326	

开　　本	710 mm×1000 mm　1 / 16	
印　　张	9	
字　　数	95千字	
版　　次	2024年3月第1版	
印　　次	2024年3月第1次印刷	

书　　号	ISBN 978-7-5731-4526-0
定　　价	45.00元

如有印装质量问题，请与市场营销中心联系调换。0431-81629729

序 言

　　劳动创造财富，劳动创造幸福，劳动创造未来。习近平总书记在2020年全国劳动模范和先进工作者表彰大会上的讲话中指出："全社会要崇尚劳动、见贤思齐，加大对劳动模范和先进工作者的宣传力度，讲好劳模故事、讲好劳动故事、讲好工匠故事，弘扬劳动最光荣、劳动最崇高、劳动最伟大、劳动最美丽的社会风尚。"当今世界，综合国力的竞争归根到底是科技人才和高素质劳动者的竞争。改革开放以来，我们强大的工人队伍用辛勤的劳动和拼搏奉献的精神推动中国制造、中国智造、中国创造走向世界的前列，新时代的中国面貌日新月异。大力弘扬劳模精神、劳动精神、工匠精神，加强高素质技能人才队伍建设，打造一支宏大的知识型、技能型、创新型劳动者队伍，是伟大时代赋予我们的历史责任。

　　劳动模范是民族的精英、人民的楷模，是共和国的功臣。自改革开放以来，广大职工勇立改革潮头，独立自主，奋发图强，勇于创新，其中涌现出一批批全国劳模和大国工匠。他们参与建设了代表中国高度、中国速度、中国深度的一系列重大工程，提升了国家实力，打造了"中国名片"，树立了"中国品牌"，增添了"中国力量"，充分释放出工人阶级的创新活力，展示出大国工匠的强大创造力。他们以工人阶级的满腔热忱在各自平凡的工作岗位上取得了辉煌的成绩，书写了新时代的壮丽篇章。

爱岗敬业、争创一流、艰苦奋斗、勇于创新、淡泊名利、甘于奉献的劳模精神，崇尚劳动、热爱劳动、辛勤劳动、诚实劳动的劳动精神和执着专注、精益求精、一丝不苟、追求卓越的工匠精神，是广大劳动群众在社会生产实践中锤炼形成的弥足珍贵的精神财富，是工人阶级伟大品格的具体体现，是民族精神和时代精神的生动诠释。民族复兴需要劳动模范，祖国强盛需要大国工匠，中国制造、中国智造、中国创造更需要大国工匠的强有力支撑。劳模、工匠等的成长故事、先进事迹中承载的劳模精神、劳动精神和工匠精神，是激励全国各族人民团结奋斗、勇往直前的强大精神力量。

"中国劳模"系列丛书，采用图文结合的方式，讲述全国劳模、大国工匠和先进工作者们的成长经历及他们筑梦、追梦、圆梦的故事，用他们在平凡岗位上创造不平凡业绩的真实故事感染读者，推动形成劳动最光荣、劳动最崇高、劳动最伟大、劳动最美丽的社会风尚，引导广大技术工人和青少年形成劳动光荣、技能宝贵、创造伟大的观念。

"匠心筑梦，强国有我。"新时代是一个万象更新、生机勃勃的时代，也是一个继往开来、创新创业和建功立业的大时代。希望广大读者能以劳动模范为榜样，以大国工匠为楷模，立志技能报国、技术强国、踔厉奋发、勇毅前行，锤炼思想品格，汲取劳动智慧，勇于担当、勤于钻研、甘于奉献，为推进新型工业化和乡村振兴，为加快建设制造强国、质量强国、航天强国、交通强国、网络强国、数字中国、农业强国，全面建设社会主义现代化国家贡献青春力量。

中华全国总工会副主席（兼）

中国航天科技集团有限公司第一研究院

211厂14车间高凤林班组组长

2022年11月

传主简介

　　李凯军，祖籍河北乐亭，中共党员。本科学历，正高级工程师、高级技师。他是一汽铸造有限公司铸造模具设备厂首席技能大师、长春市总工会兼职副主席。他是吉林省首位工人高级专家，吉林省获"中华技能大奖"第一人，全国机械冶金建材系统首席金牌工人，中国高技能人才楷模。他曾荣获全国五一劳动奖章，还当选为全国劳动模范、大国工匠年度人物，享受国务院政府特殊津贴。

　　1970年2月，李凯军出生于吉林省长春市南关区。1989年7月，李凯军从一汽技工学校维修钳工专业毕业，被分配到当时的第一汽车制造厂（现为中国第一汽车集团有限公司）铸模厂，成为一名模具制造钳工。1990年，李凯军成功制作了解放牌汽车CA141型发动机侧边盖板模具。1997年8月，李凯军在一汽集团公司举行的一专多能大赛上取得了第二名的好成绩。

2000年8月，李凯军在首届中国（沈阳）国际技能交流会上荣获第二名，并被授予"全国技术能手"称号。2001年12月，李凯军获得全国大城市创新创效成果大赛机械行业钳工组亚军。2002年，李凯军获得长春市职业技能竞赛工具钳工组冠军。同年，李凯军成为吉林省首位"中华技能大奖"获得者。2003年，李凯军完成了当时国内最大、最复杂的压铸模具之一的制造任务。2008年，汶川大地震发生后，李凯军奔赴地震灾区，帮助东方汽轮机厂修复地震时被砸坏的进口设备。2009年和2019年，李凯军作为中国高技能人才的杰出代表，受邀参加庆祝中华人民共和国成立60周年和70周年大会。

　　2010年，李凯军被授予"全国劳动模范"荣誉称号，又在2020年当选为2019年"大国工匠年度人物"。2022年，他成功制造出国内尺寸最大的车身后地板产品——红旗车的一体化压铸车身后地板模具，该产品模具相关指标达到了行业领先水平。

　　李凯军立足岗位30余年，制造的产品精准度极高、品质完美，在我国高、精、尖复杂模具的加工方面独具特色，他的创新成果在生产实践中发挥了巨大作用。在他的带领下，我国的压铸模具制造业水平得到了提升，他用创新的思维和精湛的技艺为企业和国家带来了巨大经济效益和精神财富。

目 录

第一章 青春年少

愉快的童年

1970年的2月，已经过了立春，可长春还没有一丝春天的迹象，就连雪花也嫌春色姗姗来迟，一片片落满了街巷、屋檐。

纷纷扬扬的春雪让人不禁想起唐代大诗人韩愈的七言绝句《春雪》：

> 新年都未有芳华，二月初惊见草芽。
> 白雪却嫌春色晚，故穿庭树作飞花。

在这样一个2月落雪的日子里，一个小伙子在医院的走廊里来回踱步，还时不时地向产房张望。很明显，他的焦急中又有几分期待。

几个小时后，孩子终于顺利出生，是一个胖嘟嘟的男婴，母子平安。小伙子的脸上绽放出欣喜的笑容，那一刻，他仿佛是世界上最幸福的人。

这个新生的婴儿就是李凯军。新生命的诞生，给这个小家庭带来了无尽的幸福和喜悦。

当时，李凯军的父母都是国有企业的职工。李凯军有一个大他五岁的姐姐和一个大他三岁的哥哥，可能因为他是家里最小的孩子，所以父母都很宠爱他。一家五口人，挤住在一间小平房里。虽然家里的生活条件比较艰苦，但是李凯军的童年过得特别快乐。

李凯军的父亲在第一汽车制造厂化油器厂车队做调度工作，每天都要根据单位生产的需求将各种生产物资运回，同时还要将企业生产出来的成品零件的总成①送到第一汽车制造厂。由于他经常要跟车，所以加班成了李凯军父亲工作的常态，早出晚归成了家常便饭。

李凯军小时候和父亲相处的时间并不多，在李凯军的印象里，父亲工作总是很忙，经常不在家。"常常他回家的时候，我们都已经睡着了。有时候十天半月我才能见到他一次。"李凯军说，但父亲对李凯军的影响很大，"我父亲心灵手巧，他什么活儿都会干，木匠活儿、铁匠活儿都会做，家里锛、凿、锯、斧什么工具都有，父亲不在家的时候，我就喜欢用他的工具捣鼓东西。"

有一次，父母上班去了，哥哥姐姐也上学去了，家里就李凯军一个人。他实在是太无聊了，就把父亲的工具箱搬出来。他翻出锤子和钉子，用左手把一枚钉子垂直立在木门槛上，右手握着锤子，对准钉子猛地砸下去，锤子与钉子接触的瞬间，立马发出

---

①总成：由若干零部件、组合件或附件组合装配而成，并具有独立功能的汽车组成部分。

了叮当的声响，半枚钉子就插入了门槛，李凯军接着又使劲地锤打了三下，钉子就完全钉进了门槛里。他觉得这样很有趣，就继续钉第二枚、第三枚、第四枚……直到门槛被密密麻麻地钉满了钉子，他才停下来。他一点儿都没感觉到累，反而觉得十分有趣。他觉得玩儿得还不过瘾，就又学着父亲干木工活儿时的模样，用羊角锤把钉子从门槛里往外拔。拔钉子的难度比钉钉子的难度要大。他用尽全身力气，把钉子往外拽，像是从猛兽口中抢夺食物一般，猛兽死死地咬住食物不肯松口。李凯军也是个犟脾气，越是困难他越要征服，由于用力过猛，他感到浑身发热，直流汗。他脱下外套，继续进行这场由他"策划"的争夺游戏。一枚、两枚、三枚……钉子被一枚枚拔了出来，李凯军累得不行，手都酸了。最终，他赢得了这场游戏，却在无辜的门槛上留下了一个个小窟窿。

父亲下班回家了，看见他正蹲在门口，旁边放着工具箱，工具杂乱地摆在地上。

"你在干什么？"父亲问。

"钉钉子。"李凯军抬头望着父亲回答道。

父亲看到遍体鳞伤的门槛后，火气顿时就上来了。他生气地说："你看看你干的好事，你把这好好的门槛全糟蹋了！"

李凯军规规矩矩地站在门槛旁，低着头，他不敢直视父亲的眼睛。他知道，这件事他做错了。父亲越看越来气，朝他屁股踢了一脚，他摸着屁股跑开了……像这样的时候还有很多，李凯军从小就比较淘气，挨打是常有的事情。

他虽然很调皮，但是动手能力很强。当时李凯军父母所在的单位每天有很多用过的木料包装箱，厂里会按废料处理，也允许厂里的员工把它们买回家烧炉子。李凯军的父母下班也带了许多包装箱回来，堆在门口。等到父母去上班，李凯军就拿出父亲的工具，把包装箱上的钉子一枚枚地拔出来，把箱子拆成一块块木料。然后他自己比画着，测量着，一副经验丰富的木工的样子。接下来他会用铅笔在木料上做记号，又用锯子把木料锯成他想要的长度。准备工作做完以后，他把木料拼成小凳子的样子，然后用钉子把它们钉在一起。就这样，一个小巧可爱的板凳就做出来了。李凯军马上坐在小板凳上感受一番，"嗯，虽然这个板凳看上去有些笨重，但它结实！"成就感涌上李凯军心头。接着他继续做第二个、第三个……一口气做了好几个。

父亲下班回来，看到地上的小板凳，好奇地问："这些是你做的？"

"嗯。"李凯军一脸得意。

"挺能干嘛！做得还不赖！"

"必须的。"李凯军开心地跳起来。

"哪里学的？谁教你的？"

"我自己琢磨的。"

"厉害呀，都自学成才了。"

"必须的，也不看我是谁的儿子。"李凯军调皮地说。

李凯军对完美有着不懈追求，这种品质，在他小时候就已经初步显露了。在李凯军上小学二年级的时候，父亲要在主屋旁边搭几个小棚子，搭小棚子需要砖，为了节约开支，周末的时候，李凯军就跟着母亲去捡砖块儿，那些砖块儿是别人家拆房子扔掉的废砖，破损很严重，很多已经不完整了，李凯军就找来父亲砌墙用的瓦刀，把捡回来的破损的砖块儿修整得方方正正。

"你现在弄它干吗？"父亲看见了问他。

"这些砖块儿的边角乱七八糟的，我看着不舒服，我把它们修整齐。"李凯军说。

"你弄得没错，但现在不用弄，砌砖的时候再根据需要弄。"父亲说，"有的地方有时候就需要一块不规整的砖块儿，你现在全部修整齐了，等到用时又得现找。"

李凯军这才停下来。

母亲一有空就会带着三个孩子去外面捡砖块儿，捡回来的砖块儿都散乱地堆在院子里。李凯军看着地上摆放得乱七八糟的砖块儿，越看越不顺眼。他就动手将捡回来的砖块儿整齐地码放在房子边上。

不仅如此，他还学着父亲的样子，用水和泥，然后拿来父亲砌墙用的瓦刀，把砖块儿整整齐齐地砌在一起。父母下班回来，看见李凯军正站在一面笔直的砖墙后忙碌着，脸上、手上和衣服上都是泥，浑身上下脏兮兮的，他们又气又震惊。生气的是他把身上、地上弄得太脏了；震惊的是一个这么小的孩子，竟然能把墙砌得这么整齐。

"是谁教你这么弄的？"父亲问他。

"以前您砌小棚子的时候我看过呀，看了几次我就会了！"李凯军说。

"你挺能干啊！不愧是我儿子！心灵手巧！"父亲摸摸李凯军的脑袋，满意地说。

李凯军的母亲是一位勤劳、能干的妇女，既要在单位上班又要操持家务，照顾三个孩子。李凯军说："家里的大小事情都要靠母亲一个人，就连家里粉刷墙壁、搬家具、买煤、买冬储菜等这些应该由男同志干的重体力活儿，都是母亲带着我们三个未成年的孩子完成的。母亲一年到头，从来没有闲下来过，十分辛苦。"

年幼的李凯军见母亲操持家务辛苦，就主动帮助母亲分担家务。劈柴、脱煤坯、喂鸡……他都抢着干。

有一次，家里的菜刀钝了，母亲让李凯军去磨一下。

李凯军愉快地答应了。他拿出家里仅有的一小块儿磨刀石，吭哧吭哧磨了半天，刀还是钝的。他在心里琢磨，这样磨刀不仅速度慢，而且磨出来的效果也不好，要是能让磨刀石转起来，磨刀就轻松多了。于是，他开始研究，并动手制作了一个磨刀装置。

他在一块木板上固定两根立柱，立柱上钻两个孔，孔里穿两个轴，随后又做了一大一小两个轮盘，小轮盘上固定一个圆形的磨头，大轮盘加上凹槽轮，然后用一条布带当皮带，通过转动大轮来带动小砂轮旋转。虽然转动效果比不上电动的砂轮机，但是用起来也能达到预期的效果。这样一来，他的磨刀效率果然提升了不少。

李凯军把母亲拉来，让她试用了一下，装置非常好用。母亲高兴地问："你是怎么想出来的呀？你脑瓜子怎么这么聪明？"

李凯军详细解释了他的灵感来源，以及这个装置所运用的原理，母亲虽然听得云里雾里，但感到很欣慰，直夸李凯军："太棒了！你真的太能干，太聪明了！"

李凯军也嘻嘻地笑了。

李凯军做的这个装置，跟走街串巷"磨剪子、菜刀"的手艺人用的磨刀工具有着相似之处。只是，当时的他还仅仅是个孩子。没有人教他，他也没跟别人学习过，他完全是凭借着自己的超强天赋，学会了这些工匠活儿。当我们追溯李凯军的童年时光，不难发现，他那与生俱来的工匠天赋早已在那时悄然显露了。

李凯军的童年是无忧无虑的，更是幸福美好的。在父母的呵护下，李凯军茁壮成长。

父母对工作、对家庭的责任心和担当意识，从小就根植在李凯军的心中。在父母潜移默化的影响下，他也逐渐养成了吃苦耐劳的品质。

年少心犹童

转眼间，李凯军到了读书的年龄。

1977年，李凯军进入长春市太平街小学上学。当时，学校离他家很近，沿着街直走大概500米就到了。

李凯军是一个想到什么就会马上去做的人，但由于当时年龄太小，他还分不清哪些事情该做哪些不该做。就比如有一次上课，他坐累了，很想躺一会儿，就真的在教室的过道上躺下了。

"李凯军，你怎么躺在过道上？"老师问。

"我累了，想躺一会儿。"李凯军认真地回答道。

"累了也不能躺在过道上，现在是上课时间，我们正在上课。"老师严厉地说。

李凯军灰溜溜地从地上爬起来回到座位上。

虽然李凯军的学习成绩一般，但他是班上的劳动积极分子，他的童年生活是丰富多彩的。只要是劳动的时候，他总是冲在最前面。

"上学的时候，我受到的表扬基本上都来自劳动方面。"李凯军说。

李凯军上小学三年级的时候，有一次，长春下了很大的雪。雪一停，李凯军就跑到学校去。他记得老师说过，雪停了，就要到学校扫雪，但他忘记学校因为大雪停课了。其他同学都在温暖的家里，就他一个人跑到了学校。李凯军到了学校，看到操场上白茫茫的一片，他找来铁锹，独自在操场上扫雪。外面很冷，寒风吹在脸上冰凉冰凉的，他却干得大汗淋漓。

"大爷，怎么没人来学校呀？"他跑到值班室问。

"下大雪都停课了，明天才上学。"值班室的大爷说，"你怎么跑到学校里来了？"

"我就说怎么一个人都没有。"李凯军说，"老师说雪停了来扫雪，我看雪停了，就来扫雪了，操场上的雪我都扫干净了。"

"你是哪个班的？"

李凯军报上自己的班级和姓名，把铁锹放了回去，才向家里走去。

第二天他像往常一样，早早地到学校上学，看到操场上干干净净的，他特别有成就感。

"李凯军，李凯军，快听，广播里在说你，你被点名表扬了！"下课的时候，学校的广播里表扬了李凯军扫雪的事情，他心里喜滋滋的，开心极了。

"我当时非常热爱劳动，每次学校组织劳动，我都会得到表扬。"李凯军说。

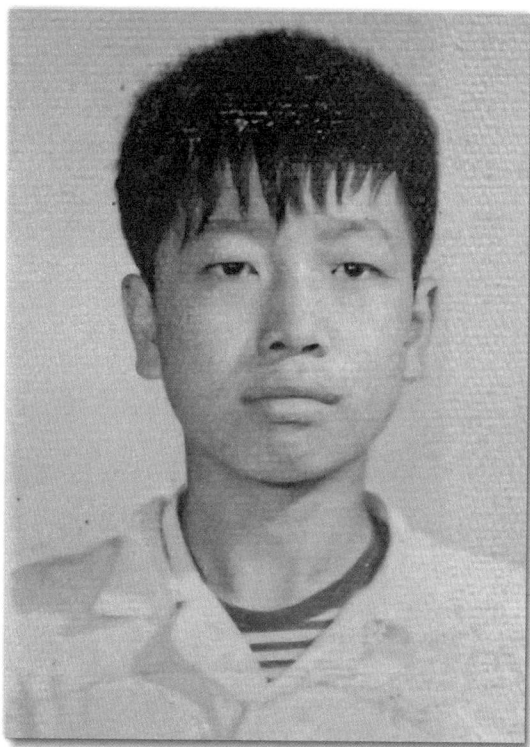

⊙ 童年时期的李凯军（1979年）

李凯军爱劳动其实是受他母亲的影响。李凯军的母亲是一位勤劳能干的女人，用李凯军的话说，中华民族热爱劳动的美德在他母亲的身上体现得淋漓尽致。他说："母亲勤劳、节俭，又十分好强。她对我们的照顾无微不至。在我的印象中，周六、周日母亲基本不休息。她总是在干针线活儿。小时候我们穿的衣服、鞋，全是母亲做的。虽然她是一个普通工人，但由于是多面手，所以在很多岗位上她都是干得最好的，在厂里挣的钱跟厂长一样多。"

在母亲的言传身教下，李凯军从小就养成了爱劳动的习惯。

每天早上，李凯军的母亲早早地起来做饭，然后把李凯军叫起来，让他吃得饱饱的，再去上学。母亲常说："准时上学是对学生最基本的要求，如果你连这一点都做不到，那就不是一名合格的学生。"

李凯军上学从来没迟到过。多年以后，当李凯军走上工作岗位时，准时上班的习惯也从未改变。李凯军住的地方离单位很远，每天都要骑近一个小时的自行车去上班。有一次，头一天晚上下了很大的雪，第二天早上路上积了厚厚一层雪，自行车陷在雪里，寸步难行。那天单位里很多人都迟到了，就连家在单位附近的同事都迟到了，但李凯军没有迟到。车间主任看到他惊奇地问："你家离得那么远，你居然没迟到？！"

毫无疑问，这得益于小时候母亲对他的教诲。

1982年，李凯军12岁了。

⊙ 李凯军（最后排左五）的小学毕业照（1982年）

这一年，郑绪岚演唱的《牧羊曲》火遍大江南北。

这首歌曲是著名作曲家王立平先生为电影《少林寺》创作的主题曲。这部电影给李凯军的童年留下了深刻印象。尤其是李连杰的精彩表演，让李凯军迷恋上了武术。

他总是在家里偷偷练武，紧握拳头，想象自己是一名武林高手，对着一棵碗口粗的树一顿暴击。手上的皮都打破了，血浸了出来，他也毫不在乎。他忍受着疼痛，继续练习。在他看来，流点血是练武必须经历的，他不仅没有被血吓倒，反而有一种莫名的成就感，仿佛他马上就能练成武功高手似的。

后来，他又从屋里找来一个帆布口袋，往里面装满沙子。等父母去上班后，他就把自己的秘密沙袋拿出来，挂在墙上，或者挂在树上，然后用拳头打沙袋。平时他就把沙袋藏在墙角。就这样，他练习了三年"武术"。

"我最厉害的时候，可以一掌劈开两块砖。"他说。

那时，他陶醉在自己的武侠梦里，自得其乐，乐此不疲。

上技工学校

由于长时间跟随母亲干家里家外的活儿，李凯军在与母亲的朝夕相处中继承了母亲勤劳、坚忍、自立自强的优良品格。

和天下所有父母一样，李凯军的父母对他寄托了很大的期望：努力学习，将来考上重点大学，成为栋梁之材。但这个美好的愿望在李凯军16岁的时候，随着家里一场巨大灾难的到来而破灭了。

那是1986年的夏天，李凯军在家里无忧无虑地过着暑假。一天，李凯军在屋里打扫卫生，扫完地后刚坐下来准备歇一歇。突然，他听见了哭声。声音越来越近，他站起身，走到门口去看发生了什么事。他看到很多母亲单位的阿姨搀扶着他母亲，走了进来，这哭声正是母亲的声音。李凯军很蒙，不知道发生了什么事。过了一会儿，他才弄清楚，父亲出车祸去世了。李凯军只觉自己的脑子瞬间一片空白，不知道该怎么办。他不敢相信这是真的，依然觉得父亲只是上班去了。

母亲受了很大打击，卧床一个多月。

李凯军原本打算过完暑假直接去上高中，将来努力考大学，可是家里突然发生的变故，动摇了他继续读高中的想法。当时的一汽技工学校在长春很出名，而且学生从一汽技工学校毕业就能去一汽工作。李凯军的父亲之前就在一汽工作，因为父亲，他对一汽有着特殊的感情。如果读技工学校，他肯定会选择一汽技工学校，毕业后直接去一汽工作。当时的李凯军面临着重要的人生抉择：上高中，还是上一汽技工学校？

1982年，作家路遥发表了其成名作《人生》，在小说的开篇，路遥引用了柳青《创业史》中的一段话作为题记："人生的道路虽然漫长，但紧要处常常只有几步，特别是当人年轻的时候。没有一个人的生活道路是笔直的、没有岔道的。有些岔道口，譬如政治上的岔道口，事业上的岔道口，个人生活上的岔道口，你走错一步，可以影响人生的一个时期，也可以影响一生。"

现在的李凯军就遇到了人生的岔道口。

"爸爸不在了，家里的顶梁柱没了！哥哥和姐姐都需要用钱，我如果读高中也需要用钱，家里唯一的经济来源就是妈妈每个月90多元的工资……"李凯军独自一个人的时候，他就思考这些事情，每次想着想着眼睛就湿润了。

"要是爸爸还在该多好！要是爸爸还在，我就不用想这些事，家里也不会这么困难。"他一边抹眼泪，一边默默地念叨。

"如果读高中，将来可以考大学，考重点大学是父母对我的期望，也是我的梦想。可是，读高中的花费很大，而且高中毕业如果考上大学，读大学的花费会更大，等到大学毕业开始工作，至少还得七年！这七年母亲的压力太大了，太难熬了！我不能这么自私，我要减轻家里的负担！"

"如果去读一汽技工学校，每个月都会有助学金，成绩优异还有奖学金，这样我就不用向家里要生活费了。我一定要拿奖学金，这样也会为家里减轻很多负担。在一汽技工学校只需要读三年就可以去一汽工作，我要早点儿毕业，早点儿工作赚钱，减轻家里的负担……这样看来，一汽技工学校最适合自己。"

有时候，头一天晚上睡觉前他想得好好的，可是第二天早上醒来的时候，他又开始犹豫了。想好了，又推翻，推翻了，又重新想，反反复复，他纠结了好几天。

"我该怎么办？"夜深人静，李凯军躺在床上，盯着天花板，思考自己的人生。

那一刻，李凯军仿佛瞬间就长大了。

现在父亲走了，母亲还沉浸在悲痛之中，他已经不再是小孩子了，他必须长大，他必须为自己的未来做抉择。

"就这么定了，读一汽技工学校！"经过多日思考和纠结后，李凯军把自己的想法告诉了母亲。母亲对他说："你不要因为你爸爸不在了，就放弃自己的梦想，你爸对你寄予了厚望，你只管努力读书，家里的事不用你考虑。"

"妈，我已经想好了！我就去读一汽技工学校，学一技之长，毕业就去一汽工作。"李凯军的语气中充满了坚定。

"你自己一定要想好，以后不要后悔，人生没有后悔药。"母亲提醒道。

"我想好了！我不会后悔的！"李凯军回答道。

最后，李凯军说服了母亲。

当时李凯军父亲的很多同事经常来家里看望。

"家里有哪些困难需要帮忙？"父亲的同事关切地问。

"从我家到一汽技工学校有点儿远，要开学了，凯军要去那里报名，还不知道要坐什么车能去呢。"母亲有些焦虑地说。

"没事，这件事包在我身上。"父亲的同事爽快地答应下来。

父亲的同事随后就开车送李凯军去学校报了名，但李凯军深知，不可能天天让别人送他去上学，他必须自己去。他决定自己骑自行车去上学。学校离他家很远，他还不认识路，后来想到了一个办法——早早出发，跟着公交车走。

可是哪一辆公交车到一汽技工学校呢？

"大爷，从这里到一汽技工学校坐哪路公交车啊？"李凯军在路边找到一位大爷问路。

"坐19路。"大爷说。

李凯军骑车到19路公交车要停靠的站台，然后等19路车来。他就跟在公交车后面骑，可是公交车比自行车速度要快，跟了一会儿，他就跟丢了。他只好停下来等下一辆公交车，然后再接着跟。就这样，他每天跟着公交车上下学。大概过了一周，他终于摸清了从家里到学校的路。

其实他可以直接坐公交车上下学，可是他舍不得这笔花销，哪怕是一分钱，他也舍不得花。母亲挣每一分钱都太难了，家里所有的开销都靠母亲支撑，钱花一分就少一分，他很心疼。现在还不能自己挣钱减轻家里的负担，但他可以尽量节省开销，能省下一分是一分。所以，无论冬夏，李凯军每天都骑自行车上下学。

从李凯军家到学校有17公里的路程，他每次要骑一个多小时，每天早晨他很早就要起床从家里出发。夏天还好一点儿，最难熬的是冬天。冬天，早上天亮得晚，晚上天黑得早。早上出门的时候，天还没亮；晚上放学的时候，天已经黑了。他感觉自己每天都在黑夜中穿行，奔着内心的那一束光努力。除了黑暗，还有寒冷。东北的冬天长且冷，说是天寒地冻、寒风刺骨一点儿都不夸张。有时候，外面气温达到零下二十多摄氏度，他穿着军大衣，系着围脖，戴着帽子，到学校时，露在外面的眉毛、头发都结上了一层冰，里面的衣服已经被汗水浸透了。

有一天放学后，李凯军像往常一样骑着自行车往家走，才走了三分之一的路程，自行车的后车胎就被扎破了。当时路边有很多修理自行车的摊位，可是补一次车胎需要花五毛钱，李凯军舍不得花这五毛钱，他决定把车推回家自己补。

他一只手握着自行车把手，掌握前行的方向；另一只手则提着车的后座架，这样后轮就不用着地。因为后轮的车胎已经破了，如果后轮直接着地，会进一步损伤到车胎，那样损失就更大了，所以李凯军一路上都是拎着"车屁股"走的，他足足走了三个多小时才到家。

到家后，他拿出父亲的工具箱，开始动手补胎。以前家里自行车车胎坏了都是父亲补的，父亲补胎的时候，李凯军喜欢站在旁边看，有时候他还会问父亲，为什么要这么做，用什么能粘好车胎。之前看的、学的现在都派上了用场，李凯军再一次用实际行动证明了他超强的动手能力。不一会儿，车胎就补好了。

父亲走后，李凯军懂事了很多。

在学校，他学习很努力。

李凯军所在的班，是一个中德合办试点班，很受学校重视。

"当时我们班一共有三位班主任，其中，一位老师负责管理，一位老师负责理论教学，一位老师负责实践教学。"李凯军说。

有一次学生科通知每个班的班长去开会，但李凯军所在的班级还没有选出班长，老师就问："咱们班团员都有谁？站起来我看看。"

然后站起来五个人。老师说："个子最高的那个去吧！"

当时李凯军身高184厘米，在站起来的五个人中是最高的，于是他就去开会了。他认真做了会议笔记，开完会回来又向老师做了详细汇报。老师见他做事很认真，就说："你就先当咱们班的代理班长吧！"

过了两周，李凯军被正式任命为班长。

父亲走后，他很自卑，自尊心也很强，他说："哪怕自己比别人多付出几倍的努力，也不能让人指指点点、说三道四。"

入学后，李凯军当即给自己定下了目标：

第一，拿奖学金；

第二，所有的操作都要拿第一名。

他都做到了！在技工学校，李凯军一次又一次努力后的成绩，让老师、同学都刮目相看。

在第一节实操课上，老师让同学们用錾子去錾一个平面，就是用手锤敲击錾子，把金属凿下来一层，然后看每个人凿完后工件表面的平面度[①]。由于这是第一堂课，所以老师也只是简单地告诉大家怎样去做，并没有太多细节上的指导。过了一个多小时，老师回来验收成品，当他看到李凯军加工的工件时，露出了诧异的表情。

"你之前做过这种工作吗？"老师问李凯军。

"没做过呀，这是第一次做。"李凯军回答。

"那太不可思议了！"老师很惊讶，对同学们讲，"李凯军同学凿的这个平面的平面度能够达到四级工的水平！"

同学们听后一片惊讶。因为，当时学生在技工学校学习三年后，在毕业的时候最高也只能破格通过考级，定为二级半工！

后来在学校里的另一项考核项目中，李凯军又一次让所有的老师和同学惊叹。

那次是一项提升技工锤击力的训练，就是将一根直径为12毫米的钢棍用台虎钳夹住，然后用2磅的手锤击打錾子的尾部。考核的内容是看操作的技工击打錾子多少下才能够用錾子前端的刀口把钢棍切断。

在这项操作上，如果要将钢棍切断就必须用手锤大力击打錾子，但是必须是打到錾子尾端才行，如果打不准，就会打到握錾子的手上，其结果可想而知。如果怕手锤打到手，不用力，那么

①平面度：基片具有的宏观凹凸高度相对理想平面的偏差。

⊙ 1987年，李凯军参加学校组织的郊游时留影

钢棍就不会在规定的次数内被切断。

对于一个经验和技术都还不成熟的新人来讲，这项训练是非常痛苦的，有很多同学因为怕打到手，轻轻打几下就放弃了。但是李凯军没这么做，他每天练习时，每一次都是抡圆了手锤用力击打。最初，每打几次，就会砸到手，但是李凯军一声不吭，闷着头继续击打。练完之后，他的左手肿得像馒头，即便如此，李凯军也从来没有想过要休息，他忍着痛，每天连续不断地刻苦练习，为的就是能够取得一个好成绩。

在进行这个项目测试的时候，老师规定：十二下切断钢棍为及格（六十分），五下切断是一百分。

得一百分的同学很少。轮到李凯军测试时，他抡圆手锤，用力击打，每一击都使金属发出震耳的声响。一下、两下、三下，仅仅打了三下，他就把钢棍切断了。现场所有人都惊呆了。

"你创造了学校有史以来的最好成绩！"老师说。

李凯军站在那里，脸上满是笑意，他的心里像喝了蜜一样甜。

每一节课，他都认真听，认真琢磨；每一项操作，他都踏踏实实练习。在技工学校三年的学习生活中，他不仅收获了扎实的基本功，更重要的是他在这里收获了自信，每次小小的进步和成功都使他的自信心有所提升，他慢慢走出了自卑的阴影。

三年的技工学校学习生活，很快就结束了。

第二章 新硎初试

走上工作岗位

1989年7月，李凯军从一汽技工学校维修钳工专业毕业了。他被分配到当时的第一汽车制造厂铸模厂（简称一汽铸模厂），当时的铸模厂主要负责金属模、压铸模等模具和砂箱的制造。

那一年，他刚满十九岁。

当时分配完企业后，刚知道自己的工作岗位，他就有些不安。虽然通知学生可以休息三天再上班，可李凯军心想："铸模厂是不是铸造模具的呀？铸造模具需要的是模具制造钳工，可我学的是设备维修钳工呀！"

他放心不下，担心自己被分错了。

"我得去单位看看。"他自言自语。

第二天一早，李凯军就骑上自行车一路奔向第一汽车制造厂。

他一路走一路问，最后终于找到了铸模厂。他刚迈进车间门，一股刺鼻的气味儿就迎面扑来，车间里机声隆隆，空气特别浑浊。李凯军紧皱眉头，心情沉重。

"我难道要到这里来吗？"李凯军问自己。

"我怎么被分到这么一个单位？"那一瞬间他心里全是

失望。

"师傅，请问这是什么厂？什么车间？"李凯军拉住一个工人问。

"这是铸模厂，铸钢车间。"那个人说。

"除了铸钢车间，铸模厂还有别的车间吗？"

"还有金属模车间。"

"那金属模车间在哪里？"

那个人给李凯军指了路，李凯军顺着他指的方向找了过去。

"师傅，你们这个车间有没有维修钳工呀？"李凯军走进金属模车间后问道。

"我们这个车间都是模具钳工，维修钳工归机动科，不归我们这里。你可以到厂里的劳资科去问问。"

于是，李凯军又跑到厂里的劳资科去询问。

"领导，我是李凯军，刚从一汽技工学校毕业，被分到了铸模厂，请问我是分到哪个车间了呀？"

"你在金属模车间。"

"我在技工学校学的是维修钳工，怎么把我分到金属模车间了呢？你们是不是搞错了？"

"不会错，你们这批新来的都分到了金属模车间，都是干模具制造钳工。"工作人员告诉他。

"可我根本就没学过模具制造呀！"

当时，李凯军的火气一下子就上来了，因为他学了三年维修钳工应该掌握的内容，而且是非常努力、用心、刻苦地学了三年，练了三年，现在一下子要改行了！他什么都不会。他很失落，也很气愤。

工作的头三个月，他都是在郁闷中度过的。

"难道我就一直这么郁闷下去吗？我才刚工作，我的事业才刚刚开始！我不能一直这样！与其怨天尤人，不如调整自己的心态，适应新的岗位。"李凯军不停地思考，他的内心正经历着一场激烈的思想斗争。他的脑海里冒出这样一句话："一个人有没有出息，有没有前途，不在于他干什么，而在于怎么干！我在学校学的是设备维修钳工专业，我是学得最好的那一个，现在让我干模具制造钳工，我也要干出个样来！"

李凯军看着在钳台旁专心致志、精心雕琢工件的师傅们，心里产生了由衷的敬意和满腔的激情。

"每一个岗位都有它存在的意义，在每一个岗位上都能干出一番成绩，我不能浑浑噩噩，荒废大好时光，既然工作是全新的，那就从零开始吧！这点挫折在漫长的人生道路中又算得了什么呢？在学校时，我能学好设备维修钳工专业，现在转行干模具制造钳工，我也能干得最好！我，李凯军，不能认输！"他默默下决心，一定要刻苦努力，争做一名优秀的模具制造钳工，做出理想的成绩，为生产出高水平国产汽车做出自己的贡献。

李凯军明白，要想尽快实现成为优秀模具制造钳工的目标，唯一的途径就是勤学苦练。从此，他把车间当成了新学校，把老师傅当成了新老师，把有关的业务技术书籍和资料当成了新课本，比在学校更加刻苦。不管是吃饭还是走路，他的手里总是拿着一本模具钳工的专业书。一本新书到了李凯军手里，不到一星期，就会跟看了几年的书一样旧，由于看的次数多，有的书页都被他翻烂了。

有一次，李凯军借到一本对自己非常有帮助的书，他废寝忘食地读了起来，一边读一边思考，有时候一页书他要看很久、思考很久，他要把所有的内容看明白、想清楚，才看下一页，所以他看得很慢。由于书里的内容很多，几天的时间根本不能读完、吃透。当他还在琢磨书上的一个问题时，书的主人就来要书了。

过了几天，李凯军又把那本书借了回来，接着之前没看完的地方看。他看得很入迷，因为书上讲的内容与他工作的内容息息相关。平日里，他除了干好自己的本职工作，还向厂里每一个人学习，很多时候他学到的只是操作经验，对于为什么那么做，其中的原理是什么，很少有人能讲明白，而书上有这些内容。所以读书不仅能让他知道是什么，还能让他知道为什么。他还能从书里学到很多新知识、新方法和新思路，晚上看书学习理论，白天工作的时候就去实践、验证。当弄明白一个问题的时候，他感到无比快乐，无比幸福，无比满足。

他每天都沉浸在阅读和学习的快乐当中。可没过几天，书的主人又来找他要书了。他又把书还了回去。过了几天他又把书借来了。他反复向人家借了三次，还是有很多内容没有读完，而且一时半会儿也不可能读完。他太喜欢这本书了，心想，书一次一次被要回去，这样也不是办法，得自己买一本，想什么时候看就什么时候看。于是，周末的时候，他就去书店买书，可找遍了长春大大小小的书店，也没能买到那本书。

怎么办呢？他在街上看到了一家复印店，那时候，复印可不像现在这么便宜，他硬着头皮走了进去。

"老板，复印一下这本书。"李凯军把厚厚的一本书交给了复印店的老板。

老板接过书，看着它那沉甸甸的分量，脸上露出了惊诧的表情。他抬头看着李凯军，有些不确定地问道："整本书都复印吗？"

李凯军点了点头，肯定地说："对，整本书都复印。"

老板皱了皱眉，提醒道："小伙子，复印费可是很贵的，可能比买这本书的价格还要贵上十倍！你真的想清楚了吗？"

李凯军深吸了一口气，脸上露出了一丝无奈的笑容。他解释道："我跑遍了长春的书店，都没能买到这本书。现在对我来说，只有复印一本这个办法了。"

老板听完后，点了点头，表示理解。他叹了口气，说道："行吧，我这就帮你复印。"

就这样，李凯军花了书价近十倍的价格把那本书复印了下来。

他捧着热乎乎的复印书，如获至宝。

"这下我就可以慢慢琢磨它了。"他在心里默默地想着。

他满怀喜悦地走出复印店，骑上自行车，向家里走去。风是那么的温柔，树是那么的葱茏，仿佛遇到的每一个人的脸上都洋溢着幸福的笑容。

他把每天下班后的时间、周末休息的时间、节假日都安排成了学习时间，就连春节这个与家人亲友团聚的节日，他也要挤出至少两天时间学习。

在加强书本知识和理论知识学习的同时，李凯军把身边每一位经验丰富的工人都当成自己的老师，虚心向他们学习和求教。车间的师傅们都被这个小伙子虚心好学的精神打动了，都把他视为自己的徒弟，愿意把技艺和经验毫无保留地传授给他。

为了练就过硬的功夫和高超的技能，李凯军对自己的要求很严格，他忙活起来有股"狠劲儿"。手心被锉刀磨出了血泡，血泡又慢慢变成了硬茧，一层一层地往下掉皮……每天，别人下班都走了，他一个人还要留在车间练一会儿。多年来，这已经成了他的一个习惯。

有一次，李凯军在钳台旁一连干了十四个小时，直到对自己加工的工件完全满意，他才下班。

他的工作态度极为认真，每次去上厕所他都向师傅请假。师傅说："你想上厕所去就是了，不用每次都向我请假。"

李凯军笑着说："师傅就是老师，在师傅面前我就是个小学生，学习的时候就是上课，上课的时候想上厕所当然得向老师请假。"

在学校时，李凯军基础打得牢，基本功练得也好，这为他在工作岗位上快速成长奠定了基础。再者，他爱学习、爱读书、爱动脑、爱思考，他对操作的悟性很高，所以，他学东西比别人要快。

功夫不负有心人，李凯军的付出很快就有了回报。

一天，工长走过来对他说："李凯军，从明天起你就出徒了，以后你就独立接活儿了。"

"不是要学满一年才能出徒吗？我才学了七个月啊，还差五个月呢！"李凯军疑惑地问。

出徒前，徒弟都是帮师傅干活儿，是没有奖金的，出徒就证明已经具备了独立接活儿的能力。从此他就不再是学徒了，而是和师傅一样的工人，并且还可以拿到独立的奖金。

"这活儿你干得一点儿问题都没有，你就自己干吧！"工长说，"这五个月你提前出徒干活儿，不白干，我每个月给你加二十元奖励。"

那时候，每位老师傅一个月的奖金才三十元。李凯军作为一个刚进厂七个月的新人，每个月可以领到二十元的奖励，这已经是一笔很丰厚的收入了。同他一起进厂的工友都露出了羡慕的目光。

就这样，李凯军正式成为一名合格的钳工，开启了独立接活儿的生涯。

做出一等品

1990年，李凯军所在的铸模厂迎来了一个大任务——对解放牌汽车CA141型进行全面升级。

解放牌汽车CA141型是我国第二代载货汽车产品的代表，于1986年7月15日正式下线，1987年实现量产。此后很长一段时间，解放牌汽车CA141型都是我国生产建设中的重要车型。一汽根据使用中反映出来的问题，进行了一系列的试验和改进，直到1990年底，实现整车大小改进项目一百零三项，共计一百三十二条改进措施。这一次，解放牌汽车CA141型要进行全面升级，李凯军也接到了一项关键的任务。

"要保证新产品的精度和质量都达到国际标准！"这是当时一汽的要求。

这个活儿不好干！有经验的老师傅一听就知道这活儿难度大。因为，当时中国汽车工业的生产技术有限，要完成此项任务十分困难。所以，哪怕是入厂十几年的老师傅，对这个任务都有些畏惧。

"交给我吧！我就喜欢啃硬骨头！"李凯军初生牛犊不怕虎，他格外地兴奋，他觉得工作越有挑战性，越能体现自己的价值。

"行，这个任务就交给你来做。"李凯军所要承担的主要任务，就是制作老解放牌汽车的发动机侧边盖板。

刚一上手，李凯军就发现了这项工作难度不小。这套模具的精度要求高，厂里的自动化设备比较落后，精度离标准相去甚远。最终，模具的抛光打磨只能依靠钳工手里的錾子和锉刀来完成。虽然李凯军准备工作做得充分，但他终究是个新手，打磨工作只能是"摸着石头过河"。为了完成任务，李凯军每天早上天不亮就蹬着自行车来到厂里，晚上加班到深夜，有的时候更是直接住在厂里。当时，李凯军由于缺乏经验，走了许多弯路，做错了好几次，不停地修改后校正，校正后再修改，就这样没日没夜地干了两个月，李凯军终于完成了这件产品。

产品做完后，厂里有专门的师傅来验收。验收产品之前的日子，李凯军既兴奋，又激动，而且还有些紧张。兴奋的是忙碌了两个月，他终于完成了这件产品；激动的是现在产品就在眼前，在他眼里，它就像一件工艺品一样精致、完美；紧张的是好与不好他自己说了不算，到底做得怎么样明天就会揭晓答案。完工后，李凯军特意在模具上盖了一块红色的绒布，他如同爱惜珍宝一般地爱惜他这两个月来的劳动成果。

那一夜，长春下了很大的雪。第二天清晨，城市变成了一个粉妆玉琢的世界，所见之处白茫茫的一片。大地银装素裹，仿佛盖上了一层厚厚的棉被。雪花还在纷纷扬扬地下落，整个长春都被笼罩在茫茫大雪中，一切都是静悄悄的，像还没睡醒似的。天气很冷，路上的行人很少，街道两旁的树上也落满了洁白晶莹的雪花，一团团、一簇簇，漂亮极了。

李凯军蹬着自行车，飞奔在冬日清冷的街道上，寒风夹杂着雪花朝他脸上、身上袭来，他来不及欣赏雪景，也来不及驻足，他只想早一点儿赶到工厂。从他家到工厂有十七公里路程，每天要骑行一个多小时，这是他上班的必经之路。不过今日与往常不同，今天是验收的日子，所以他比以往更早出门，他已经迫不及待了。入厂不到一年，他独立完成的解放牌汽车CA141型发动机侧边盖板模具，将在今天正式验收。早上七点，他准时抵达铸模厂门口。离上班时间还有一会儿，验收的师傅还没来。他掀开绒布，前后左右检查了一番，直到实在是检查不出什么问题了，他才又把绒布盖上。

过了一会儿，走进来一位五十多岁的老师傅，他左手拿着烟卷，右手拿着一把卡尺，神态威严，径直朝李凯军走来。

"周师傅好！"李凯军恭敬地打招呼。虽然李凯军才来厂里不到一年，但是厂里的人他基本上都认识了。

周师傅是厂里的质检员，也是钳工班"元老级"的人物，他被职工誉为"火眼金睛"。在周师傅眼里，李凯军不过是一个上班不到一年的毛头小伙子，刚出师。内心里，他对李凯军做的产品并没有抱太大期望。

"走，去看看你做的产品。"周师傅说。

李凯军把周师傅领到他做的产品跟前，小心翼翼地掀开绒布，他精心打造两个月的产品出现在周师傅的面前。李凯军退后小半步，像个小学生一样端端正正地站在一旁。周师傅把手上的烟给掐灭了，紧接着，他伸出手在产品上来回抚摸，然后双手用卡尺仔细测量了一会儿。

李凯军目不转睛地盯着周师傅，心怦怦跳个不停。

周师傅忙活了一会儿，啥也没说，转身就走了。

李凯军看着周师傅凝重的表情，心想，不会是我做的产品有什么问题吧？就在李凯军纳闷的时候，李凯军所在班组的工长走过来，对他说："这个产品，周师傅给你打了一等品。"

"一等品？我没听错吧？"李凯军简直不敢相信自己的耳朵。他脸上的表情从严肃瞬间转为喜悦，笑容如花般绽放。

"没错，你干得很不错！周师傅可是很少给人打一等品的。"工长微笑着肯定道。

这一刻，李凯军心中的激动难以言表，他做梦都没想到自己做得这么好。他参加工作这几个月来，厂里还没有出现过一等品，基本都是合格品。合格品就是满足了基本标准，而一等品，是产品的最高品级。

"他很不错！身上有股子劲儿，是块儿难得的好料。"平日里素来严厉的周师傅逢人便夸李凯军。

李凯军做的产品获评一等品之后，在厂里引起了不小的轰动。谁也想不到，一个入厂不到一年的年轻人，竟然能够做出一等品。李凯军一下子就成了厂里的名人。很多工人慕名而来，就为了看一眼李凯军的一等品。李凯军制作的这个模具摸起来比人的皮肤还要细滑，它就像镜子一样光滑，人从垂直角度看去，连脸上的胡茬儿都能照得清清楚楚，这种品质的模具，连工厂里工作了十几年的老师傅都赞叹不已。

"对一个工人最基本的要求是件件都出合格品，但作为一名高标准工人，就要件件都出一等品。"三十余年后，李凯军回忆起这段经历时说道。

正是这种精益求精的工作态度，让他付出的汗水比别人多得多，他做出的产品自然也没的说。

1991年，解放牌汽车CA141型已经出口14个国家，这背后也有李凯军贡献的一份力量。

模具竖装法

1992年，随着企业的发展，厂里所做的模具越来越大，制造难度也越来越大。李凯军针对这种情况，对模具进行了认真分析，发现现在的模具和以前的模具相比，从体积到重量都有很大的增长，再加上模具表面形状多且比较复杂，无法加装吊环孔，所以，在吊装过程中会产生靠人力无法挪动模具等实际困难。

"怎么办？"李凯军不断地在脑海里问自己。

传统的方法已经跟不上需要了，难道还要守着不放？

不！绝对不能墨守成规，必须改变，必须创新。他自问自答。

在工作的时候，他不停地琢磨，一遍遍模拟，一遍遍尝试，渐渐地有了新的思路。在模具装配过程中，他决定打破传统模具装配的平装工艺，将模具整体竖起来，利用衬模上原有的吊环装置对模具进行初步安装，然后用磁铁对模具进行临时固定，再将模具整体放平，施加外力将衬模敲入模框的衬模座内，完成衬模的装配，实现模具的竖装。这种方法被工友们称为"模具竖装法"。

这种工艺方法不仅定位准确、装配速度快，而且解决了平装工艺容易造成的模具损坏和人员受伤等难题，并且能够将工效提高整整五倍。

他——李凯军，创造性地解决了这一难题。

在工作中，李凯军并非一个只知道埋头干活儿的人，他工作很认真，这毋庸置疑，但他绝对不是机械地重复。当他工作的时候，脑袋在疯狂地转动，他在思考、琢磨，他在发现问题、总结问题，更是在寻找解决问题的办法。

如果人在工作的时候，与一个只知道不断重复工作的机器人无异，那么最终制造出来的产品也只能是一个没有生气的复制品。如果人在工作的时候，不断发挥创造力，将自己的全部热情、思想和灵魂都注入他的工作，也注入他所制造的产品中，那么他做出来的产品才是有着创造者的气息和温度的。李凯军就属于后者。

孔子曾说过："君子不器。"意思是君子不能像器具那样仅仅局限于某一种用途或功能，而应该具有广博的知识和才能，能应对各种情况和挑战。

是的，要想成为一个优秀的人，就不能给自己设限。

李凯军的工种是模具钳工，但他从来都没有把自己限制在模具钳工上。他在完成自己本职工作的同时，还根据工作的需要自学了车工、铣工、刨工、磨工、镗工、焊工等工种涉及的操作技能。

作为一名模具钳工，肩负着模具制造过程中指挥员的使命，要对模具制造中涉及的各个工种的工作原理和加工范围有一定的了解，才能够对模具中出现的问题进行正确处理，这是对模具钳工的基本要求。但李凯军没有仅仅满足于此，他在掌握相关工种原理和加工范围的基础上，还对自己提出了更高的要求，即熟练掌握这些工种涉及的操作技能。因为模具制造企业在客户提交订单后，为了在时效内完成订单，就要经常加班加点干活儿，特别是最后的装配模具阶段。

李凯军就经常遇到这种情况。有时候，在装配的过程中，他加班到很晚，需要相关工种的人员配合加工，但由于是在深夜，根本就找不到人，只有等到第二天相关工种的人员来上班，才能进行加工，这自然就影响了产品交付进度。

这种情况多了，李凯军就萌生了一个想法："设备是现成的，就是没人操作，如果自己会操作这些设备，不管多晚，不都可以工作了吗？问题不就解决了吗？"

在这种想法的驱使下，李凯军利用业余时间对相应工种涉及的操作技能进行了全面系统的学习。为了更快地掌握这些技能，李凯军到处拜师。由于他执着好学和不懈努力，加上对机械加工有超高的悟性，几年之后，他成了工种"多面手"。不仅解决了自己在加班时无人配合的尴尬局面，而且在其他钳工需要帮助的时候，他也能施以援手，解决燃眉之急。

有一次，磨工岗位的一名操作者遇到了一个加工难题，无计可施时找到了李凯军。李凯军将多个工种的加工知识进行了有效融合，最终将问题巧妙地解决了，受到了车间领导和工友们的一致好评。

工作唤起了他无尽的创造力，他从未给自己设限，一直在突破自我，重塑自我，创造自我。或许，这也是他日后成长为业界翘楚的原因之一吧！

赛场显身手

1992年，中国第一汽车集团公司（简称一汽集团公司）[①]举办百工种职工技能大赛。各个厂都要派代表参加，消息也传到了李凯军所在的铸模厂。

---

①中国第一汽车集团公司：1992年7月15日，一汽正式启用了企业集团和集团核心企业名称。企业集团名称为"中国第一汽车集团"，简称"一汽集团"，核心企业名称为"中国第一汽车集团公司"，简称"一汽集团公司"，第一汽车制造厂作为"一汽集团公司"的从属名称保留。

"这是集团举办的大赛，大家都要踊跃参加。"工会领导号召大家。

"李凯军，你年轻，工作干得也不错，你去报名参加。"

"行吧，那我就去试试。"于是，李凯军报了名。

当时厂里有一千多名工人，报名参加比赛的人很多，单位内部举行了一个选拔比赛，胜出者将代表铸模厂去集团参加比赛。

由于李凯军在技工学校学习时基本功就练得很扎实，工作这几年里他也没有放弃对基本功的练习，所以选拔的时候，李凯军轻轻松松就脱颖而出了。

"第一名，李凯军。"

在单位选拔赛中，李凯军得了第一名。单位派他去集团参加比赛。

接到铸模厂工会主席的通知时，李凯军正在外面参加一汽集团公司足球比赛训练。李凯军个子很高，人也魁梧，是厂里各项活动的积极分子，体育是他的强项。那会儿，他既打篮球又踢足球，还打排球，是厂里体育活动的主力之一。

工会主席在体育场找到李凯军，他看到眼前大汗淋漓的李凯军，心里想："这小子这么好玩，靠他去参加比赛取得好名次，肯定够呛。"

其实李凯军并非一个贪玩的人，他玩的时候竭尽全力，工作的时候更加全身心投入，为参加这次比赛，他也在做一些准备。比赛当天，李凯军到指定的地点参加了比赛，结束后他就回到了单位，像平时一样上班。

他等了两天也没等到比赛的结果，很想知道自己的比赛成绩，他有点儿等不及了，下班的时候跑到了工会去问。

"主席，比赛结果出来了吗？我的名次咋样？"

"你的名次很不错，是第五名。"主席微笑着回答。

然而，听到这个答案，李凯军并没有感到欣喜，反而有些失落。"第五名还算不错吗？"他忍不住问道。

"当然算不错了，"主席解释道，"这是全集团的排名，你是第五名，这已经是咱们厂有史以来取得的最好成绩了，以前我们从来没有过这么好的成绩。"

"我们厂有史以来的最好成绩？"李凯军重复着主席的话，似乎有些难以置信。

"对的。"主席肯定地说，"好好努力，以后还有很多比赛的机会，我相信你会取得更好的成绩。"

李凯军从工会办公室走出来，知道比赛成绩后他并不开心，因为才排名第五，前面有那么多人比自己强，他心里很不服气。

那是他第一次参加比赛，印象很深刻。

时间转眼来到了1997年，距离他第一次参加比赛已经过去了五年。这五年中，他已经从一个新人成长为单位的骨干了，并且连续多年被评为厂里的"青年标兵"。

1997年8月，一汽集团公司举行一专多能大赛。所谓的"一

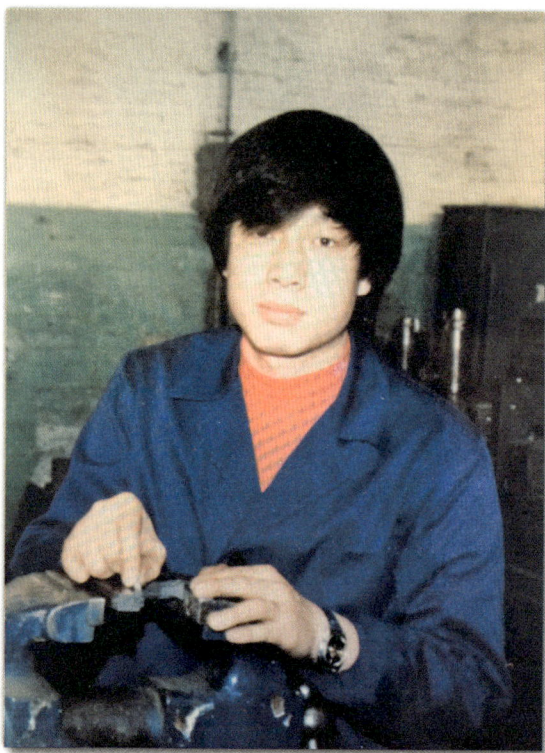

⊙ 李凯军的工作照（1995年）

专"就是精通本岗位的技能，"多能"是指在其他领域掌握的某项技能。他上一次参赛只得了第五名，很不甘心，他想再参加一次比赛，争取获得一个更好的成绩。

最后，李凯军以钳工的身份报了名。

比赛包括理论和实操两个部分。李凯军平时就喜欢看专业书，书上的理论知识他早已烂熟于心。实操更是他每天的工作，他甚至对实操达到了痴迷的程度。所以，他基本上不用准备就可以去参加比赛。

比赛的时候，集团最优秀的工人都聚集在了一起，大家个个摩拳擦掌，跃跃欲试。比赛开始，李凯军一下子就进入了工作状态，身边任何事都被他抛到了九霄云外。在平日的工作中他已经养成了良好的操作习惯，各种工种涉及的操作技能他也已经了然于心。最后，他正常发挥做完所有的项目，仔仔细细地看了看自己的成果，脸上露出了满意的微笑。

汗水湿透了他的背心，他长长地吐了一口气，感到一身轻松。

过了两天，比赛成绩出来了。工会领导找到李凯军，对他说："李凯军，这次比赛你得了第二名，祝贺你！"

李凯军听到这个消息，顿感激动，他立刻问道："那第一名是谁呢？"

"第一名是来自一汽研究所（现在更名为中国第一汽车集团有限公司研发总院）的选手。"工会领导解释道，"你的实操成绩是第一名，但那位选手的理论成绩略胜一筹，所以综合下来你位列第二。"

得知自己的实操成绩名列榜首，李凯军喜出望外，开心得几乎合不拢嘴。他感到有些语无伦次，只能一个劲儿地傻笑，心中充满了满足和自豪。

"这个成绩已经非常出色了，你为我们厂创造了新的历史。"工会领导拍了拍他的肩膀，鼓励道，"好好干，小伙子，你的前途一定无量！"

"谢谢领导的肯定！"李凯军笑着说，心中的喜悦溢于言表。

李凯军获得第二名的消息很快就在厂里传开了，大家看到他纷纷竖起大拇指，表示祝贺。

李凯军走在路上，步伐轻快，两只手在微风中自由地摆动，嘴角洋溢着幸福的微笑。

从此，凡是举行全国性或国际性的技能大赛，李凯军总是作为集团内、长春市、吉林省参赛选手的首选，而且他也总是不负众望，屡创佳绩。

随着参加大赛的经历不断增加，李凯军的技能水平也突飞猛进，做的精品模具产品最终被用户推崇为工艺品。厂里很多次签订合同时，客户都提出"苛刻"要求：模具必须由李凯军主导完成。

第三章　崭露头角

技能表演

1999年，李凯军所在的厂发生了变化。以前厂里是计划经济，现在要转向市场经济。在厂长的带领下，厂里也出现了一片欣欣向荣的景象。

2000年4月，集团要选派五个工种的十名员工到无锡柴油机厂进行技能表演、交流。

"李凯军，你作为钳工代表去吧。"

无锡柴油机厂是一汽集团的子公司，李凯军很重视这次技能表演、交流。他在心里想："自己是代表集团去表演和交流的，可不能给集团丢脸。可是，技能表演要表演什么呢？如果只是锉一个试件就太普通了，每个钳工都会做。我一定要锉一个别人锉不了的东西，让他们眼前一亮！"

李凯军想了很久，最后他想起在一汽技工学校学习时，老师用纸壳糊过一个正十二面体。

"对，我就锉一个正十二面体！"

锉正十二面体，就要有一个非常圆的球体毛坯，这种毛坯非常难找。李凯军想起了一个人，他是一汽集团首届职工职业技能大赛的车工[①]状元。"兄弟，有件事想请你帮个忙，能不能帮我车几个球？这球的圆度要求得特别高，得达到10微米（接近一根头发丝直径的1/6）。"李凯军诚恳地请求道。

"啊？车这么精确的球干什么用？"对方一脸好奇地问。

李凯军笑了笑，神秘兮兮地说："这你就别问了，反正我有用。"

对方看着他，满脸疑惑："搞这么神秘，到底是什么用途啊？"不过他还是点了点头，"那我试试吧，研究研究看看能不能车出来。"

经过一番努力，他终于帮李凯军车出了几个符合标准的球。

李凯军拿到这些球后，满心欢喜地对他说："太感谢了，兄弟！你这次真是帮了我一个大忙！"

随后，李凯军把这几个球体毛坯带到了无锡柴油机厂。

李凯军表演的项目正是用手工方法把一个圆球锉成正十二面体。现场围满了人，大家都目不转睛地看着他表演。

表演对工艺技术要求非常之高，有三个近乎苛刻的量化标准：一是要求这个正十二面体，尺寸精度都要达到10微米；二是所有相邻面的夹角度数必须一样；三是抛光后表面粗糙度要小于0.2微米，看起来就像镜面一样。

现场，在同行、专家、领导和参观观众的注视下，李凯军沉着冷静，有条不紊地进行着自己的表演项目，不少人替李凯军捏

---

①车工：车床操作工人。

⊙ 2000年，李凯军赴无锡技术表演时加工的正十二面体

了一把汗。可是，当他表演结束，在场的人无不发出由衷的赞叹。

无锡柴油机厂本来安排在李凯军后面表演的那位钳工看完李凯军的操作后，连连摆手，说道："我不用表演了，我放弃。"

"太不可思议了，太牛了！即使是用数控设备加工都难以实现，这个正十二面体完全可以代表锉削技艺的最高水平。"现场有人说。

"这简直就是一件工艺品，我们要把它作为教育青年技术工人学习技术的教材永久保存。"无锡柴油机厂的领导指着李凯军加工的正十二面体说。

李凯军站在那里，微微翘起的嘴角挂着满心的喜悦。

他的精彩表现很快传回了集团，李凯军又在厂里出了一次名。

棘手的活儿

铸模厂由计划经济进入市场经济，意味着产品就要经历市场的考验，就连厂长也要出去揽活儿。

当时，东方压铸有限公司需要定做一套高质量的压铸模具，这个在国内压铸行业被称为"小巨人"的企业，到南方沿海城市转了一大圈，找了许多模具厂家，都没人敢接这个棘手的活儿。

厂长知道了这个消息，决定把这个活儿揽过来。

对方看他们是一汽集团的，就说："那就给你们一个活儿试试看吧。"

于是，这个活儿就落到了铸模厂——制作奥迪A4汽车的发动机点火线圈支架压铸模具。

那是2000年5月，这个活儿是铸模厂由计划经济进入市场经济后，在社会上承揽的第一套模具，它能否做好决定着铸模厂能否在激烈的市场竞争中占有一席之地。

李凯军刚刚从无锡柴油机厂表演交流回来。厂长记住了李凯军的名字，他对李凯军说："压铸模具的活儿你干得很漂亮，这个活儿就由你来干！"

"保证完成任务！"李凯军答应得很干脆。

在模具制造过程中，对方厂家仍然有些不放心，一遍遍地前来查看，生怕他们完不成这项任务。

有一次，东方压铸有限公司的人前来查看进展情况时，正赶上李凯军在抠一个只有拇指大小、类似体育场弯道形状的"半圆搭子"。这是一个机械加工死角，又偏偏是在石墨本体上加工，只能凭借操作者对实物的理解和一手钳工绝活来实现。最后，李凯军凭着精湛的技艺，让厂家人员看得心服口服。

在模具加工完成进行交付验收时，东方压铸有限公司高度重视，主管采购的副总经理带队亲临现场进行查看。除去覆盖在模具上的包装物的那一刹那，他们被眼前的景象惊呆了！摆在他们面前的与其说是一套模具，不如说是一件艺术品，而且是一件完美无瑕的艺术品！这位副总经理当即表态："这套模具你们干到了这种程度，我们再加一万元，以后我们的活儿还让这个小伙子干。"

李凯军就是凭着这套模具，凭着绝技、绝活儿，为铸模厂打开了一个新的市场。此后，东方压铸有限公司陆续与铸模厂签订了价值一千多万元的模具订单。从"不放心"到"非他莫属"，李凯军用事实证明了自己的价值。而李凯军也成了铸模厂抢占压铸模具市场的一个品牌，成为企业的"宝贝"。

2000年8月，一汽试制新型变速箱时，把变速箱的上盖模具的制造任务交给了铸模厂。

"李凯军，这个任务非你莫属。"厂长说，"留给我们铸模厂只有两个月的加工时间。"

"两个月？"李凯军非常惊讶，"像这样的大型模具，正常加工周期一般都是六个月，两个月怎么可能完成？"

"时间就是金钱，早一天装车，就能早一天投放市场。"

"两个月，时间也太紧了吧！"

"所以我说这个任务非你不可呀！我相信你，想想办法，确保工期。"

没有办法，李凯军只能硬着头皮接下来。他的工作经常要将不可能变为现实。

加工这种变速箱的上盖模具，对工艺要求很高，铸件的平面度误差必须控制在0.1毫米以内，铸件孔位的误差不能超过0.05毫米，壁厚必须控制在3.5～3.7毫米。工艺方面李凯军倒不怕，技术上的难度，他愿意挑战，越难反而越能激发他的创造力，可是留给他加工的时间实在是太少了，他恨不得每天24小时全都扑在工作上。

8月，正是长春一年中最热的时候，时间紧迫、工艺复杂、天气炎热，每一项都是挑战，但这些困难丝毫没有影响李凯军技术攻关的斗志。

在模具制造过程中，李凯军根据这套模具的特点和自己的实践经验，及时与设计人员沟通，进行了多方面的改进。有人粗略地算了一下，他对这套模具进行的改进和革新至少有八项。

李凯军全身心投入这个项目，每天都加班到深夜。有时候为了节约时间，他吃住都在厂房，甚至好几天他都没有走出过厂房。

转眼间，两个月的期限到了。

接活儿的时候，外面还是一片郁郁葱葱、苍翠欲滴的景象，完工的时候外面已经是树树皆秋色的时节了。当质检员为李凯军制造的模具颁发合格证时，他再也挺不住了，坐在模具边上睡着了。

两获亚军

2000年8月，首届中国（沈阳）国际技能交流会即将举办，当时长春市要派人参加竞赛。

"一汽集团的李凯军参赛经验丰富，且过往成绩很不错，他今年刚满三十岁，正值壮年，精力充沛，完全能够胜任代表长春市参赛的重任。"一位领导在讨论中提出了建议。

"对，李凯军这个名字很耳熟，他在厂里可是个响当当的人物，技术过硬，大家都对他赞不绝口。"另一位领导也表示赞同。

"那就这样定了，让李凯军代表长春市参赛。"最终，经过讨论，大家一致决定让李凯军成为这次竞赛的参赛选手。

就这样，李凯军凭借他的卓越技艺和丰富经验，成功获得了这次国际技能交流会的参赛资格。

竞赛题目是从国际奥林匹克竞赛题库中抽取的，整个组合件有上百个尺寸、八十多个配合面。

比赛前一个月，试题就发给了参赛选手，参赛者可根据试题进行准备和练习。试题要求参赛者比赛时在七个半小时内完成试题。李凯军看到试题，决定试一次，测一测自己的水平。他在钳工台上干了整整十六个小时，饭都没来得及吃，累得精疲力竭，活儿还没干完。

"七个半个小时能完成吗？"李凯军有些怀疑。显然，以他目前的技术站上世界的舞台，还远远不够。

"只要有一个人能在七个半小时内干完，我也必须在规定时间里干完！"李凯军脾气很犟，不服输是他的性格特点，越是难啃的活儿越能激发他的斗志。

第一次练习失利后，李凯军潜心研究，仔细琢磨。当时的他白天要正常工作，有的时候还会加班到很晚。经常晚上八点以后，他才有时间进行练习，一练就到凌晨一两点钟，而且第二天还要接着上班。

第二次练习，他整整花了十四个小时，终于把活儿干完了，但时间还是超了很多。

"这样可不行！时间差不多超了一倍才做完。必须加快速度，缩短时间。"李凯军一边自言自语，一边在琢磨怎样提高工作效率。

一有时间他就思考，有时早上同事们来上班，看到李凯军满眼红血丝站在钳工台前，依旧在仔仔细细地用锉刀打磨着工件。就这样没日没夜地练习了一个月，李凯军终于把制作时间缩短到了八个小时。不过，按照试题要求他还是超时半个小时。

他已经没有时间再练习了。

几天之后，比赛如期进行。当时，一百二十一名参赛者中就有来自德国、日本、美国等汽车生产大国的高级技术工人，其中不乏奔驰、宝马、大众、本田等汽车龙头企业的知名工匠。比赛一开始就进入了白热化的状态，所有人的精神都高度集中，不敢松懈半分。整整一个月没有好好休息的李凯军，丝毫看不出有半点儿疲惫，反而眼神格外坚定。

他紧紧握着锉刀，全神贯注地做着手里的活儿，浑身上下的衣服已经湿透，汗水顺着衣领、裤脚往下淌，他也毫无察觉。他只是感觉到口渴，喝完一瓶水，过不了一会儿，又渴了，那一天他整整喝了十二瓶矿泉水。在精神一直保持高度紧张的状态下，最终李凯军用了七个小时就完成了竞赛。

当他做完所有的工序，直起腰时，发现其他选手都还在埋头苦干。

李凯军旁边的外国选手，指了指李凯军手里的活儿，意思是问："你干完了吗？"

李凯军点点头。

那位选手竖起了大拇指。李凯军看到，他才完成2/3的工作量。

最后，在规定时间内，全场只有四名选手完成了全部操作。李凯军不仅在规定的七个半小时内完成了所有考核项目，而且凭借精湛的技术和超高的加工精准度，获得了第二名的好成绩。

走出考场，许多人都向他围拢来，就连同场的外国选手都情不自禁地向他竖起了大拇指。

消息迅速传回了铸模厂，厂长于永来亲自致电李凯军，语气中充满激动与骄傲："李凯军，恭喜你！我这就去接你！"

"谢谢厂长，真的不用麻烦您来接，我打算坐车走高速回去，这样快些。"李凯军赶忙婉拒。

"那我到高速路口等你吧，怎么着也要见见你这位功臣！"于厂长坚持道。

"厂长，真不用这么麻烦，我自己回去就行。"李凯军再次推辞。

但于厂长语气坚定："不麻烦，一定要接！你为我们厂赢得了如此高的荣誉，你是我们厂的大功臣！就这么定了，高速路口见！"

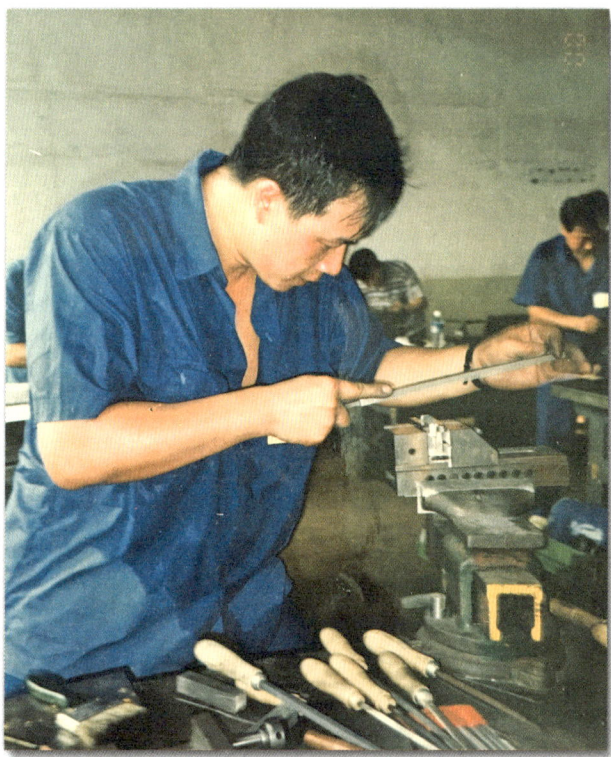

⊙ 2000年，李凯军参加首届中国（沈阳）国际技能交流会比赛的现场

当李凯军乘坐的汽车抵达长春市高速路口时，只见于厂长已经带着一行人等候在那里，脸上洋溢着喜悦与自豪，热切地期待着这位为工厂赢得荣誉的英雄归来。

于厂长很爱才，无论走到哪里都宣传李凯军的事迹。他还在厂里组织召开专题报告会，号召全厂职工学习李凯军。他了解到李凯军家住得远，每天上下班不方便，就特批了一间房给李凯军，解决了李凯军的住房问题。

"于厂长没有一点儿领导的架子，每天早上他第一个来到厂里，换上工装和劳保鞋，立马投入工作。中午他第一个去食堂，但他不是第一个去吃饭，而是拿着饭盒站在食堂内，看大家吃。等所有员工都打完饭以后，他才最后一个去打饭。工人如果有困难，他也总是替工人解决问题。"李凯军回忆说。

于厂长就是李凯军的伯乐。李凯军感慨："遇到这样的领导太幸运了！"

获得首届中国（沈阳）国际技能交流会第二名后，李凯军还被授予了"全国技术能手"称号。当年年底，李凯军凭借比赛中出色的表现和高超的技术被评为一汽集团的劳动模范。

就这样，参加比赛便成为李凯军生活中不可或缺的一部分。每当有重要赛事，领导们总会首先想到他，将他视为竞赛的得力干将。

一天，工会领导亲临车间，找到李凯军，郑重地通知他："厂里决定推荐你代表长春市参加全国大城市创新创效成果大赛，这是一次难得的机会，希望你能好好把握。"

李凯军停下手中的工作，好奇地问道："比赛是什么时候？"

"下个月，12月，你还有充足的时间准备。"

"那比赛内容是什么呢？"李凯军进一步询问。

"主要是现场答题和提交创新创效成果。稍后我会把比赛文件给你，你回去仔细研究一下。"

"好的，我明白了。"李凯军点头应允。

这次比赛的试题包括液压传动、光学仪器原理、机床修理、电器维修及所有钳工应知应会的内容。按说，作为一名模具钳工，由于工种的局限，这种涉及知识范围较广的竞赛对李凯军是极为不利的。但是，由于他平时有自学的习惯，具备了以本工种为基础的较广的知识面和扎实的基本功，所以理论部分根本难不倒他。

2001年12月，全国大城市创新创效成果大赛在山东济南举行，李凯军信心满满地走上赛场。理论部分整整有六张试卷，成果方面，每位选手都需要提交一项创新创效产品参与评选，李凯军提交了他之前制作的一汽试制的变速箱的上盖模具。

比赛结束，李凯军对结果倒不那么在意了。对他来说，只要保证在赛场上正常发挥，他的工作就已经做完了，至于最后的成绩，那只是随之而来的副产品。

"李凯军，第二名！"

最后，李凯军从众多精英中脱颖而出，一举夺得机械行业钳工组的亚军。

一级操作师

2001年，厂里还发生了一件事，这影响了李凯军的人生轨迹。

其实，从2000年开始，一汽集团就已经开展实施非领导职务高层次人才评聘工作，评聘一、二、三级设计（工艺）师、管理师、操作师，为不担任领导职务的技术人员、管理人员、操作人员中的高层次人才开辟了绿色通道。因为这些人才在公司各类人才薪酬结构图上呈绿色，所以，这一部分人才被形象地称为"绿区"人才。

2001年，一汽集团开始评聘第二批"绿区"人才。

"李凯军，快报名！还在等什么？这可是千载难逢的好机会呀！"

于是，李凯军提交了报名材料。

先是厂里评，公示后再报到集团评。李凯军起初报的是一级操作师，但由于他当时只是普通技师，条件还达不到一级操作师的标准，所以他改报了二级操作师候选人。

就这样，李凯军被厂里定为二级操作师候选人并公示。公示的时候，李凯军正在山东济南参加全国大城市创新创效成果大赛，他并不知道公示的事情，比完赛回到厂里他才看到公示信息。

年末，所有参与评聘的人都要参加集团组织的答辩。李凯军很重视这次答辩，他事先准备了五千多字的答辩稿，并且自己在家里对着镜子练习了很多遍。答辩当天，现场有十一位资深的专家担任评委，李凯军抱着一摞成果材料走进门，他面对评委坐下，然后开始介绍自己。

李凯军热情洋溢地介绍完后，评委问了一些专业上的问题，李凯军都对答如流。

别看李凯军现在的口才很好，其实在上技工学校时，他很害怕上台讲话。那时候他担任班长，有一次他上台通知一件事情，结果站上讲台紧张得一句话也说不出来，场面特别尴尬。从那以后，他就下定决心要锻炼自己的口才。他订阅了《演讲与口才》杂志，每一期杂志上的文章他都认认真真地看，杂志上介绍的练习口才的方法他也去尝试，这样坚持了很多年。现在听过他讲话的人，都知道他口才好，但他背后的付出是鲜为人知的。

答辩结束，一位头发已经斑白的评委走上前来，慈祥地看着李凯军说：“小伙子，你这么年轻能获得这么多荣誉，真是难能可贵啊！你要继续加油！好好珍惜这份成就。”

“一定，一定。谢谢评委老师的鼓励。”李凯军谦虚地说道。

评委们对李凯军的表现纷纷表示满意，其中一位评委更是感慨道：“这位小伙子如此优秀，报二级操作师有点儿可惜了！”

李凯军答辩结束离开后，评委们在一起讨论。

"以他的业绩和能力来看，完全有资格报一级操作师。"另一位评委也附和道。

这时，有人解释道："他们厂报上来的就是二级操作师，我听说是因为高级技师才有资格报一级操作师候选人。李凯军现在只是普通技师，所以条件上还有些欠缺，厂里给他报的是二级操作师候选人。"

"真是可惜了。"评委们纷纷表示惋惜。其中一位评委深思后说："公司实施'绿区'人才评聘工作，本意就是为了不拘一格选拔人才。对于像李凯军这样真正优秀、有实力的人才，我们应该为他们开辟绿色通道，决不能让他们的才华被埋没。"

于是，他提议道："我提议我们联名向集团公司总经理办公会写一封推荐信，希望公司能够破格将李凯军评为一级操作师。各位意下如何？"

这个提议得到了大家的一致赞同："我同意。"

"我也同意。"

…………

最终，评委们联名向集团公司总经理办公会递交了推荐信。集团公司总经理办公会收到信后高度重视，立即责成人力资源部前往李凯军所在的厂进行深入的调查与了解。经过一系列的考察与核实，公司最终决定破格晋升李凯军为一级操作师。

在一汽集团，一级操作师的地位极高，享有与高级经理相同的薪资待遇，更为难得的是，每位一级操作师都能得到公司配备的公务用车，这在当时无疑是极高的荣誉。

2002年6月4日，这一天在李凯军的记忆中留下了深刻的印象。那天，厂里的办事员找到他，面带喜色地说："厂长让我通知你，明天早晨八点穿新工装到一号门集合，厂里要给你发车。"

李凯军听后有些不敢相信，他笑着回应："大姐，你别逗我了，我评的是二级操作师，发车怎么会有我呢？不是只有一级操作师才会配公务车吗？"

办事员严肃地摇了摇头："这事我能跟你开玩笑吗？千真万确，而且让你代表所有得车的人发言，你快到人事部去接受这项任务吧。"说完，她还补了一句："小伙子，厉害呀！祝贺你！"

尽管办事员言之凿凿，李凯军心中仍存疑虑。他决定亲自去人事部弄个明白。他急切地问道："我不是评的二级操作师吗？怎么通知我明早去参加发车仪式？是不是通知错了呀？"

人事部的工作人员看着他，面露笑容："通知没错，改了，你评上一级操作师了！"

李凯军听后更加困惑："什么情况？我们厂里公示的时候给我报的是二级呀。"

工作人员解释道："你是破格评上的。我们也觉得很不可思议，厂里给你报的是二级操作师，最后评下来的却是一级操作师。"他补充道，"我们之前只遇到过报高评低的情况，像你这样报低评高的情况还是第一次见。"

听到这个消息，李凯军高兴地笑了。他的努力与才华终于得到了应有的认可。

2002年6月5日早晨，李凯军换上崭新的工装，早早地来到集合地点。在厂里举行的发车仪式上，他分到了一辆崭新的捷达汽车，并作为代表上台发言。那一刻，他感到无比自豪和激动。

此后的一段时间内，厂里上下都把李凯军"报低评高"的事情当作传奇故事宣讲。

随着李凯军的工作技能日益精进，社会影响力和行业知名度也与日俱增，同时他也受到了组织上的高度关注和充分认可。

2002年，吉林省接到当时劳动和社会保障部（现为中华人民共和国人力资源和社会保障部）评选第六届中华技能大奖的通知。这项大奖由劳动和社会保障部组织评选，是国家对高技能人才的最高奖励，获得中华技能大奖的人才被誉为"工人院士"。当时每两年评选一次，每次在全国范围内只评选十人（现阶段一次评选增加到三十人）。省里接到通知后，高度重视，因为这项大奖吉林省还没有人获得过。经各级组织的层层推荐、重点选拔，最终李凯军被确定为吉林省唯一候选人推荐到国家进行参评。

作为中国技能人才最高奖的评选，当时全国各省上报的候选人可谓高手云集、群英荟萃，经过多轮筛选，最终李凯军在众多能工巧匠中脱颖而出，为吉林省赢得了这项宝贵的荣誉。

2002年，李凯军成为吉林省获得"中华技能大奖"的第一人。

第四章　全国劳模

为国争光

2002年，李凯军参加长春市职业技能竞赛，夺得了工具钳工组冠军。

即便多次在各层级的技能大赛上摘金夺银，李凯军也没有丝毫的骄傲和浮躁，而且他对比赛有了更深层次的认识，他说："一个人在比赛中取得好成绩，只能证明他的技术水平高，但他的价值的高低在于能否将自己掌握的能力和水平应用到生产实践中，能否在企业的发展壮大中发挥作用。"他也是这么做的。

时间来到2003年。

"李凯军，有大活儿等着你呢！"负责人兴致勃勃地喊道。

"什么大活儿？"李凯军好奇地探出头来。

"这可是大部头任务！"负责人嘿嘿一笑，神秘兮兮地说，"目前国内最大、最复杂的压铸模具制造任务，就落在我们肩上了。"

"最大？有多大？"李凯军不禁来了兴趣。

"这个大家伙，总重量高达33.5吨，还有斜抽、直抽、齿条抽整整8个抽芯呢，产品可是重型车的变速箱中壳哦。"负责人一脸得意地介绍。

李凯军瞪大了眼睛："我的天，这真是个大家伙！我们一汽铸模厂以前做过的最大模具还没到10吨呢，现在突然来了个33.5吨的，厂里的设备能应付得了吗？"

负责人哈哈一笑，调侃道："怎么，想打退堂鼓了？你李凯军敢不敢接受这个挑战？"

李凯军摸了摸下巴，若有所思地说："我得先琢磨琢磨。"

"还琢磨什么，你要是都搞不定，估计全中国也没人能搞定了。你可是咱们厂的顶梁柱，有什么问题能难倒你？"负责人拍着李凯军的肩膀，鼓励道。

李凯军微微一笑，说："制作这么大的模具，传统的加工装配方法肯定行不通。"

"那就看你的了，这个任务就交给你了。我相信你，一定能搞定！"负责人信心满满地说。

难题又一次落到他头上。李凯军开始研究新任务。他每天做的许多工作都没有现成的资料可参考，只有凭借经验去做，遇到问题再想办法解决。

"迎难而上，自主创新"是他对自己工作的总结。工作没有退路可言，必须全力以赴，并且常常需要自主创新攻克难题，才能保证完成任务。

这套模具内部有许多强度很弱的小镶嵌件需要精雕细琢，如果是整体研配①，势必会造成这些薄弱零件的损坏。另外就是滑

---

① 研配：对模具进行修磨、研合，使模具各部分配合良好、具备功能的过程，是模具制造过程中一个非常重要的环节。

块的研配，普通中小型模具的滑块重量只有50公斤～100多公斤重，而这个模具的滑块重量却高达2000公斤，人力根本推不动。

模具大，结构复杂，滑块多，重量重，研配定位，这些问题都很复杂，每一个细节都不能出错。

李凯军仔细研究模具的结构，最后想出了分体装配的方法。他通过精密计算，把模具分成各个小的部分，这样大量的研配量在前期就可以提前加工好，然后再把每个部分组合在一起装配。

一个困难解决了，又一个难题出现了。

铸模厂最大的天车起重机限额为10吨，根本无法吊起33.5吨重的模具，这成了一个无法破解的难题。

解决这个难题李凯军责无旁贷。他苦思冥想，想出了"分体研配、模块式组装"的办法，先把模具分成小块分别研配，然后将若干个零件接合成部件，最后直接在拖车上进行总装配——将若干个零件和部件接合成产品。这对现场操作人员的要求非常高，不能有一点儿疏漏。因为吊车无法将装配好的模具再吊下来，所以哪怕只有一处装配错误，这个模具也会出现难以解决的问题。

为了做好这套模具，李凯军开动脑筋，采用了如重心偏移起吊法、反向研配法、柔性吊装法等十多种改进手段，带领五个徒弟克服了重重困难。

在厂里整修地面时，他带领徒弟来到厂里加班，把工件推到厂房外面去打磨、抛光；没有起吊设备，就由两个人用杠子扛着滑块来研配模具，后来借用联铸的厂房进行最后的装配。

　　由于装配是在熔化炉附近进行，加上正值三伏天，装配现场的粉尘极大，温度高达39摄氏度。几天下来，李凯军的后背起了一层大水泡。即使这样，他还是一直坚持了四天，直到将这套模具完全装好，他才去医院。

　　这套模具所生产的压铸件在上海国际压铸模具展览会上一鸣惊人，吸引了大批国内外模具制造的专家和采购商来到铸模厂。

　　"你们这么小的厂房怎么可能做出这么大的模具？"来铸模厂参观的外国专家疑惑地问。他们不相信在那么小的厂房里能做出33.5吨重的巨型模具。

　　在李凯军现场讲解制作模具的流程后，外国专家纷纷竖起大拇指，赞叹：

　　"中国人太聪明了！你们太了不起了！难以置信！"当即就在现场谈起了订货采购、合资合作。

　　这套模具的圆满完成，也标志着铸模厂压铸模具的制造水平又上了一个新的台阶。

　　2004年，铸模厂接到了一家北美公司油底壳模具的制造订单，在签订合同的时候，随行的外国专家说："我们已经在中国考察了一圈，最后决定来你们厂试一试，如果你们干好了，我们后面还有很多订单，如果你们完成不了，我们就再也不会到中国来做模具了。"

　　为了一汽乃至中国制造业的名誉，厂里决定集全厂所有优势资源全力以赴做好这套模具。李凯军责无旁贷地成了这套模具制造中的重要一环。

⊙ 李凯军工作照（2003年）

　　"我得让世界看看我们中国制造的水平！"

　　李凯军暗下决心，就是拼了命也要做好这套模具。为了这套模具，李凯军放弃了所有的休息时间，他每天晚上都工作到深夜。他的目标就是要用精品模具抓住外国用户的心，要为一汽争光，更要为国家争气。

　　说起来容易，干起来难。国外模具的标准高，很细小的地方要求都很严格。李凯军在这套模具的制造过程中，不但是一名钳工，而且是一名检查员，又承担了一名工艺员的责任，还要尽到一个设计员的义务。

　　就在模具即将完成的时候，他突然接到外方的通知：要更改产品，有些部件要焊补，有些部件要重新加工。

　　"他们这时候改产品？"

　　"对，这是对方的要求。"

　　"模具加工过程中已经将事先留的工艺基准都加工掉了，要更改的件儿都由曲面构成，要完成重新加工的部件简直就是不可能的事！"

　　"我知道很难，但既然对方提出了要求，我们就只能满足。"

　　对于压铸模具来讲，焊补是最忌讳的事。大家你看看我，我看看你，都束手无策。

　　"我们不允许别人质疑我们的能力，产品就是我们的脸面。"

　　在不可能完成的任务面前，为了国家声誉，李凯军开动脑筋，大胆创新，自创了基准转移法、三点定位平移法、基准手工修正法等多种加工方法，解决了数控无法装夹、找正的难题。

李凯军领着徒弟们起早贪黑，连续四个月加班加点，只为完成这套模具。仅抛光这一道工序，就干了三十天，终于在截止日期前完成了产品。

可是，就在交货的前一天下午，经检测发现，两个模具合拢不平行，误差达到0.12毫米。按照压铸模具的工作原理，模具合模间隙如果超过0.08毫米，那么这个模具在使用时就会往外喷射铝液。这意味着，这个产品在使用中会往外喷射铝液，这不仅关系到模具质量，还关系到压铸现场工人的人身安全。因为，每一股喷射出来的铝液都相当于一颗子弹，危险性很大。

此时，距离客户验收只剩十六个小时。

为了如期交付，有人说："这么大的模具，由一千多个零部件组合而成，这点儿误差很正常。"

"不行，这套模具必须拆了重新装。"李凯军斩钉截铁地说。

"明天上午就要交货了，时间太紧了，拆开根本来不及装。"

"那也不行，必须得拆。"

李凯军坚持要拆，他说："我们不能交付有质量问题的模具，这不仅仅关系到一汽的脸面，还关系到中国制造业的声誉，我们必须消除安全隐患，保证产品质量。"

"拆开可以，但必须保证明天上午正常交货！"

虽然时间紧急，但是在李凯军的一再坚持下，模具最后还是被拆开了。

现场顿时忙碌起来。李凯军一边拆一边仔细排查，最后他找出一个模块有肉眼无法看到的凸起面，他一点儿一点儿打平、抛光，忘我地工作……解决问题后，现场又开始进行模具合模工作。

不知不觉中，窗外落日的余晖已经被夜幕吞没，时钟的指针走过了一圈又一圈。当他直起腰时，黎明的曙光即将揭去夜晚的轻纱，灿烂的晨光即将洒向大地。

他看看时间，已经是凌晨五点了。

安全隐患终于消除了，任务终于完成了！

李凯军长舒一口气，他已经连续工作了二十多个小时，他在椅子上坐下来，望着精致的压铸件，静静等待天亮，等待晨光唤醒沉睡的大地，迎接新一天的来临。

上午，交货准时进行。外国专家来到现场调试模具，各方面参数都没问题。

"Good job! It's perfect!"外国专家竖起大拇指，连连称赞。

调试结束，产品得到了外国专家的高度评价。在庆功宴上，一位外国专家紧紧握住李凯军的手，用生硬的中国话连连说道："干杯！干杯！"

"你们做得太好了！我们再订购六套！"

由于这套模具完成得非常出色，外国专家又一次性在一汽铸模厂订购了六套共计八百多万元的模具。更重要的是，这使我们国家的压铸模具在国际市场上占有了一席之地。

李凯军暂时忘记了疲惫，他满意地笑了。

"那一刻，我感觉我的人生价值体现出来了，企业得到了订单，我们没有被外国人小看，我们为中国争光了。"他说。

赴国外考察

在此之前，李凯军从未想到过自己作为一名普通工人还会有出国考察交流的机会。

2004年的一天，李凯军接到通知，原劳动和社会保障部选派中国优秀技术工人组成考察团，将于11月21日赴法国、意大利进行为期十二天的学习考察。更重要的是，他也是考察团中的一员，这让他喜出望外。

"我要出国了！"李凯军下班回家后把这个好消息告诉了妻子。

"哇！太好了！你可以出国了，我还没出过国呢。"妻子笑着说，"是你们单位派你去的吗？"

"这次是劳动和社会保障部选派中国优秀技术工人组成考察团。目的是开阔我国技能人才的眼界，促进我国技术工人与国外同行的技术交流。"

"听起来就很厉害，你太棒了！你什么时候去呀？要去哪些国家？"

"11月21日出发，去法国和意大利学习考察。"

"那太好了！这是难得的机会，你要好好学习，顺便看看外国是什么样子的，回来给我们也讲一讲。"

妻子早早地为李凯军准备好了行李。11月21日，他随考察团一同出发，心里有一种说不出来的喜悦和自豪感。此行他的身后是一个强大的祖国，他不仅仅是单一的个体，他还代表着整个国家，一种强烈的使命感、荣誉感在李凯军心里油然而生。

考察团先后考察了两国劳动保障部门、职业培训机构，以及汽车、食品、玻璃制造等知名企业，并就有关职业技能培训工作开展座谈和技术交流活动。

在与法国劳工部副部长交流过程中，李凯军的能力和水平得到了对方的充分认可，法国劳工部副部长向李凯军抛出了橄榄枝，并许诺了一系列优厚的待遇，但他婉言谢绝了。

通过赴欧洲考察，李凯军深深地感到法国乃至欧洲在对技术工人的培养方面有值得借鉴之处。他说："首先，他们的培训机构是由政府主导的，为学成合格的技工颁发非常有权威性的、整个欧盟都非常认可的职业资格证书。其次，他们的培训，无论是线上还是线下，都有着很强的针对性，不走形式，注重实用性，与实践结合得非常紧密，对日常工作有着非常强的指导意义，真正地做到了缺什么补什么、用什么学什么。"

这次考察学习对李凯军的触动很大，之后，他将自己学得的经验运用到带徒弟、做培训中。

他先后赴中国兵器工业集团、中国机械工业集团、中国一拖集团有限公司、江西铜业集团有限公司、中信戴卡股份有限公司、河钢集团邯郸公司、东方汽轮机有限公司、北京奔驰汽车有限公司等企业进行技能传授。接受他技能传授的技工，无论是在专业技能方面，还是在职业素养方面，都有了大幅的提升。李凯军还在吉林省开办了高技能人才传承班，在社会上也引起了强烈的反响。

与此同时，李凯军还受邀赴一汽技工学校、中铁十三局技师学院、长春技师学院、长春医学高等专科学校、长春汽车工业高等专科学校和长春职业技术学院、长春市机械工业学校、白城职业技术学院、常州机电职业技术学院、南京机电职业技术学院、安徽金寨技师学院、吉林大学等院校进行劳动精神和工匠精神的宣讲。他总是鼓励青年人："要靠技能创造幸福生活，用双手托起美好明天。"

通过他现身说法的巡回宣讲，很多年轻人明确了人生目标和努力的方向。一次，他第二次受邀来到一所职业院校进行宣讲，他在校领导的陪同下走入校园时，突然一个同学跑过来，强烈请求和李凯军合影留念。合影后李凯军询问他："你为什么要与我合影啊？"

"您上次来我们学校作报告后，同学们都深受感染，我将来一定要成为像您一样的人。"那位同学说。

李凯军深受感动，觉得自己做的事情很有意义。他决定把这件事一直做下去，帮助更多的人。他做的每一次培训效果都非常明显，培养出了一大批优秀的技工人才。

成就"金字招牌"

2006年，一汽集团公司铸模厂承担了一套模具修理任务，对方是加拿大在常州的一家独资公司。厂里把这项任务交给了李凯军，厂领导对他说："这套模具是这家公司对我们的一次考试，因为南方有好多小模具厂为了能拿到这家公司的模具订单，争先恐后地提出免费为他们修理这套模具，但他们没有答应，却花两万元的模具修理费和两万元的运输费千里迢迢来咱们厂修这套模具，目的就是想考察一下咱们铸模厂的实力，以寻求一个长期合作伙伴。"

"保证完成任务！"

李凯军立马投入工作，立即行动是他的习惯和做事风格。他首先仔细研究了任务，修理的项目主要是更改浇道和增加几处冷却水管。更改浇道对李凯军来说很好完成，但是要在硬度为HRC45-48的模具上钻深孔并攻丝增加冷却水管可不是一件容易的事。

李凯军反复试验，通过改变丝锥前角和分解切削用量等方法，终于用普通丝锥将这些丝攻了出来。

"你们让我们看到了实力！我相信我们可以成为长期合作伙

伴！"该公司相关负责人在验收时说。

由于出色地完成了这个项目，该公司马上与一汽集团公司铸模厂签订了下一套模具的订单。

2007年9月，李凯军接到了民族自主品牌奔腾轿车缸体低压铸模的钳工制造任务。

由于是一汽首次自主开发此项技术，在完成制造任务时，李凯军没有任何经验和可借鉴的数据。在热配间隙，为了收集技术数据，要用专用煤气烤具对模具进行加热，加热温度要与模具的工作温度保持一致，从而确保数据的准确。由于前期制造是在常温下进行的，所以难免会有些间隙预留不准确的情况，这就需要进行现场升温后的研配。在这个研配的过程中，要求把模具加热到350摄氏度后，在模具的上方垫上石棉板，人侧坐在石棉板上，将半个身体探进模具型腔内进行有针对性的打磨，最终达到合理的配合间隙。

"当时被烤着，特别热，人坐上去两分钟衣服就湿透了。"李凯军说，"在这个过程中最难受的是眼睛，虽然戴了防护眼镜，但在三百多摄氏度的高温下，眼睛就像要被烤干了一样，很酸，很痛。"

在打磨的过程中，由于模具内腔只有250毫米×400毫米大小，稍有不慎使胳膊与模具接触就会被烫伤。即使这样，李凯军还是硬挺着，经过多轮打磨，最终得到了有价值的数据。他的身上也因此留下了多处伤疤。

有人说他傻，可他却笑呵呵地说："能够获得缸体浇铸模具配合间隙的宝贵数据，值！"

该套模具填补了我国自主研发低压铸造模具的一项空白，为一汽铸模厂积累了缸体浇铸模具配合间隙的宝贵数据。

像这样的事情还有很多，李凯军加工的模具，以其完美的外形、过硬的质量赢得了国内外客户的信任，为企业争取了大批的模具订单。他负责生产的模具已远销美国、加拿大、西班牙、俄罗斯……而这位中国工匠的名气，也随之远扬海外。在竞争激烈的市场上，李凯军已经成为一汽铸造模具设备厂拓展国际市场的一块"金字招牌"。

2007年，李凯军参加了中央电视台《当代工人》节目的录制，他将绝活儿在节目中向观众展现。那一次，他手持风动工具在一枚生鸡蛋上刻出"自主创新"四个字，鸡蛋皮被刻掉，里面的薄膜却完好无损。整个过程行云流水，一气呵成，他把多年练就的毫厘不差的精湛技艺展现得淋漓尽致。

在李凯军的职业生涯中，他的每件作品都使业内人士为之赞叹，作为一名技艺超群的工匠，李凯军有自己的感悟。做好任何一项工作，要有几个必备的条件：一要有坚定不移的信念，二要有持之以恒的追求，三要达到心无旁骛，四要做到精益求精，五要百折不挠地奋进。他说："只有不断地自我突破、自我超越，不断地追求完美、追求极致，才能真正成为行业的佼佼者。"

攻坚克难，是李凯军对企业的另一项重大贡献。在用追求完美、追求极致的工作原则为企业创出品牌的同时，李凯军始终将"创新求变"视为工匠精神的一种延伸。所谓匠心独运，就要巧

⊙ 2007年，李凯军（左二）在央视《当代工人》节目中表演在生鸡蛋上刻字的绝技

⊙ 2015年，李凯军又一次表演在鸡蛋上雕刻的绝技

思妙想、追求独创。在对模具进行钳工制造的过程中，李凯军做到了件件有改进、套套有创新，他带领团队先后完成创新项目数百项，其中有数十项获得国家专利，为企业创收数千万元，有效地促进了企业的经营发展。

2007年，李凯军参加《政府工作报告》征求意见座谈会。他在会上提出："人才就是企业的生产力，高技能人才更是企业的稀缺资源、宝贵财富，我们应该采取措施为高技能人才提供保障和支持。我建议为我国高技能人才建立政府津贴，解决他们的后顾之忧，让他们把精力全部投入工作中，发挥他们的作用。"李凯军的建议得到了许多人的支持。最后，他的建议被成功采纳。

汶川地震抢险

"轰隆隆！"一声巨响震撼着大地，顷刻间，天昏地暗，地动山摇，数不清的房屋、高楼、学校和工厂倒塌了。大地在咆哮，山岳在怒吼，巨大的石块如洪水一般倾泻而下。

北京时间2008年5月12日14时28分4秒，四川省阿坝藏族羌族自治州汶川县发生了8.0级地震。一时间，全国人民的心都被汶川地震牵动着。电视新闻不断地播报一线情况，地震的惨烈让人泪目。

地震的消息在铸模厂传开了，当然也传到了李凯军的耳朵里。

汶川在哪里，在此之前很多人并不知道。汶川地处四川盆地西北部，长春地处祖国东北角，两地相距两千多公里。

5月的南方已经进入初夏时节，可春天的脚步才刚刚从长江以南缓缓移动到东北大地，此时的长春正是百花盛开的季节，到处是春天的气息。虽然距离震中很远，但所有人的心都和震中的人们连在一起。

虽然工作很忙，但李凯军每天都关注地震的新闻。他下班回到家打开电视，一幕幕惨烈的现场画面，让他有一种说不出的难受，看着看着眼睛就湿润了。他恨不得立马飞去灾区，参与抢险救援。

没过多久，这个机会真的来了。厂里的领导通知："大家要有心理准备，我们随时待命，去灾区支援。"

李凯军很激动，他已经做好了随时出发的准备。当时，厂里已经派出一批技术工人到灾区去抢险支援了。

他一直在等待消息。没过几天，全国总工会发来消息，号召劳模技术服务队前往灾区。

"我报名！我要去灾区！"李凯军主动请缨。

"好，由你担任劳模技术服务队的常务副队长，配合队长带领队伍奔赴地震灾区，你们的任务是帮助东方汽轮机厂修复地震时被砸坏的进口设备。"

"保证完成任务！"

"一定要注意安全，把所有人平安带回来！"

当时，第一批劳模技术服务队已经回来了，他们讲了那边的具体情况，让第二批队员去的时候带上专业设备，这些设备在后面的工作中发挥了重要作用。

李凯军他们一行十人，作为逆行者，冒着频发的余震，奔赴地震灾区。

东方汽轮机厂当时位于四川省德阳市汉旺镇，于1965年筹建，1966年开工建设，1974建成投产，是国家研究、设计、制造电站汽轮机的大型骨干企业，是世界上制造能力最强的汽轮机制造企业之一。汉旺镇，隶属于四川省德阳市绵竹市，位于四川盆地西北部，距成都105公里，距离汶川地震震中只有30公里，地震摧毁了东汽大片厂房和大量设备。地震发生时，东汽有8000多名职工正在上班，大地震使工厂80%的建筑被严重破坏，部分厂房彻底垮塌，1000多人被埋在废墟之下，通信中断、电力中断、供水中断……

2009年2月27日的《人民日报》发表了这样一篇文章《记特大地震中"泰山压顶不弯腰"的东汽公司》，记录了2008年5月12日地震发生时东方汽轮机厂的情况：

这一幕，永远成为东汽历史上的惨痛记忆——

地震中，全厂辖区职工和家属300余人遇难，1000余人受伤，其中200余人重伤；

地震中，全厂5100余户职工住房遭到破坏，上百万平方米厂房倒塌或损毁；

地震中，全厂2000余台生产设备损坏，全厂直接经济损失近27亿元……

就这样，一个有着42年发展历程、产值过百亿元，研发大型火电、风电、燃机以及核能发电设备的国家重大装备企业，被大自然以极端的方式重创。

我们从资料中可以看到地震发生后工厂惨烈的情况。当时，东方汽轮机厂许多关键设备在地震中受损严重，但外国专家因为担心个人安全问题，无论如何也不肯来修复这些设备，而且他们为了保护自己国家的知识产权，没有告知我方进入设备系统所需的密码。

这些关键设备如果不能在短期内正常运转起来，就会直接影响我们国家多个重大专项项目的完成进度，必将给国家造成巨大的经济损失。工期迫在眉睫，李凯军带领队伍前往帮助解决难题。

他们从长春龙嘉国际机场登机，经过长达4个多小时的空中飞行，最终降落在成都双流国际机场。下飞机后，他们毫不耽搁，迅速转乘汽车，一路疾驰，直奔目的地——汉旺镇。

沿途的景象让他们心生忧虑，许多道路已经坍塌，两旁的高山仿佛经历了巨大的创伤，留下了道道伤疤。路边曾经给人遮风挡雨的房屋此刻已是一片废墟，垮塌的墙壁和断裂的房梁令人心痛。在稍微开阔的地方，许多救灾帐篷如雨后春笋般支起，成为受灾群众临时的家园。

李凯军坐在汽车上，目光所及之处皆是凄凉，他的心被紧紧揪住，疼痛难当。他知道，这场灾难给这片土地带来了无法言喻的伤痛，每一个废墟下都可能掩埋着生命和希望。

当汽车在汉旺中学停下时，李凯军看到的更是一幅令人心碎的景象。周围全是瓦砾，曾经的校园已荡然无存。瓦砾之上，撒满了白色的生石灰，仿佛在宣告着这里的死亡与毁灭。李凯军站在那里，久久无法言语，他的心中充满了对这场灾难的愤怒和对受灾群众的同情。

地震的惨烈程度深深地刺痛了李凯军的心，他无法想象那些鲜活的生命是如何在瞬间消逝的。他们马不停蹄地赶往东方汽轮机厂所在地，那里的景象同样令人痛心。厂房内到处都是被砸坏的设备，原本应该轰鸣的机器此刻却一片死寂。看着这些曾经的"钢铁巨人"如今却沦为废墟中的一堆堆废铁，李凯军感到一阵难以言喻的悲痛。他们来不及休息，立马投入设备维修的工作中。

有一次，厂房突然就晃动起来，天车产生共鸣，发出轰隆隆的响声，边上的窗户玻璃也来回晃动，发出破碎的声音，厂里员工飞快跑出厂房。当时李凯军没有跑的意识，他慢慢走出来，看到很多人已经站在了五十米开外的地方。

李凯军听工厂里的人说，就在"5·12"地震发生的时候，他们所在的这个车间当时正在生产，一瞬间近一半人遇难，所以每次发生余震的时候，他们就如惊弓之鸟。

"你在那边怎么样？吃饭怎么办？晚上睡觉怎么办？"每天晚上妻子都打来电话询问情况，她很担心。

"我很好，没事的，不用担心。"李凯军在电话里只报喜不报忧，他不想增加妻子的担忧。

"爸爸，你在哪儿呀？你什么时候回来呀？我都想你了。"九岁的女儿在电话里说。

"爸爸在四川，爸爸做完工作就回来了，你在家要好好学习，听妈妈的话。"李凯军说。

"我很乖的。"女儿说。

"你一定要注意安全，保重身体，我们都在等你平安归来。"妻子接过电话说道。

当时是特殊时期，条件十分艰苦。5月的四川，天气已经很热了。夜晚，他们睡在刚建好的楼里，没有窗户，地上只有一个垫子，一床毯子，那就是他们的床。李凯军说："现在回想，当时的场景历历在目。记得当时，晚上蚊子特别多，一晚上身上被蚊子咬了三十多个包。每天吃的都是盒饭，去了十一天，我瘦了整整九斤。"

第二天，他们再次投入紧张的工作。有些设备进入需要密码，他们集思广益，经过两天的摸索和尝试，费了九牛二虎之

⊙ 2008年，李凯军在东方汽轮机厂抢险救灾

力，终于成功破解设备的密码，修复了工艺极其复杂的氮化炉，解决了东方汽轮机厂的燃眉之急。

这个好消息汇报到北京，中华全国总工会的相关领导第一时间给予了八个字的回复："工人伟大，劳模光荣！"

"看到这八个字，一切煎熬一切痛苦都烟消云散了。"李凯军说。

"你们到那里，是为了给他们解决问题，即使问题没解决，我们仍然很感谢你们。这个时期，你们能来，就是对我们最大的支持。"中华全国总工会的领导说道。

全国劳动模范

2009年，李凯军负责红旗轿车V6变速箱前壳模具的钳工制造任务。该套模具是一汽自主品牌重点项目，总重量达30吨，留给钳工的工作时间只有一个月，按照常规进度根本不可能完成。

当时，李凯军的母亲正生病住院。母亲已经在医院卧床半年了，平时都是李凯军的姐姐在医院里照顾，李凯军下班后才有时间去医院看望母亲。

工期紧，他不想拖延工期，而且他对自己工作的标准要求很高，每套产品都想做到完美，所以，加班是他的工作常态。就在李凯军为完成红旗轿车变速箱壳体项目而努力拼搏的时候，他收到了母亲病危的消息。

"凯军，妈妈情况非常不好，医院已经下病危通知书了。"姐姐在电话里告诉李凯军，"你有时间回来一趟吗？"姐姐问。

"姐，"李凯军在电话里停顿了，他突然说不出话来，泪珠在他眼睛里滚动，他用手抹了一把泪，但没有哭出声，他强忍着泪水，继续说道，"我想马上就回去，可我走不了。"

听到母亲病危的消息，李凯军想立刻放下手里的活儿，赶往医院照顾母亲，但是当时是焊接工作最关键的时刻，每一步都需要他紧盯，不然很容易出现问题。如果自己执意离开，那这个项目很可能无法圆满完成，会给集团带来巨大的损失。李凯军强忍着悲伤的心情，咬着牙，毅然选择坚守在工作岗位上。

"你是忙，你一年四季都在忙。"姐姐有些生气地说。

电话里安静了，过了片刻，姐姐继续说道："妈妈知道你工作忙，她让你安心工作，不用着急回来。"

李凯军心里有股说不出的绞痛，他闭着眼睛，紧握拳头，他想竭力制止抽泣。

"好。我忙完工作立马回去！"他强忍着悲伤的心情，咬着牙说，"姐姐，妈妈就拜托你了！"

自从父亲去世之后，母亲一个人照顾三个孩子，苦苦支撑着这个家，李凯军十分心疼母亲。之前，工作没那么忙的时候，李凯军一有空儿就回家探望母亲，帮母亲分担家务，母子俩的感情也非常好。后来，工作越来越忙，他陪母亲的时间也越来越少，母子之间总是聚少离多。

李凯军挂断电话，擦干眼泪，立马又投入工作。他发狠似的干活儿，他想干得快一点儿，再快一点儿，他想立马做完手头的工作，然后回到母亲的身边。

他认真分析模具结构和装配关系，这套模具总重量达30吨，需要大型起重设备，可是厂里缺少大型起重设备，怎么办？李凯军想到了"滑块与静模反配、滑块与模具分装"，他大胆创新，改进了八种方法。

就在项目进入到攻坚期的时候，他收到了母亲病逝的消息。"母亲走了。"李凯军眼前一黑，身体失重，他摇摇晃晃，像掉进了黑洞一般，瘫坐在地上，泪水从眼眶里汹涌而出。

"妈——"李凯军再也抑制不住内心的悲伤，跪在地上，撕心裂肺地哭。

那几天李凯军不知道是怎么忍受过去的，他满脑子都是母亲，一想到母亲，他就想流泪，可是工作的时候眼泪不能流出来，他就生生地往心里憋。

最终，他保证了模具的整体质量，还缩短了不少工期，模具一次就调试成功了。

他飞奔回家，好似还能见到母亲最后一面般，但一切都晚了，这成了李凯军人生中最大的遗憾。

"我当时很想立刻赶到母亲床前尽孝，可是不行啊！每个项目都有严格的工期，一刻都不能耽误。"回忆起当时的情景，李凯军哽咽地说，"母亲走的那天自己没能回去，现在想想很心酸，我亏欠家人太多了。"

李凯军知道，自古忠孝难两全。为了工作，他舍小家，为大家，可是工作上的成就感却怎么也没办法弥补自己对家庭的亏欠。他常说自己不是个好儿子，不是个好丈夫，更不是一个好父亲。

由于常年早出晚归，带孩子和做家务基本上都由妻子承担。导致一些邻居误以为李凯军的妻子不是离异，就是丧偶。妻子一次半开玩笑地说："你哪天早点儿回来，咱俩在小区里转一圈，让他们看看我是有老公的人。"

李凯军听到这些话，心里酸楚中饱含着愧疚，只能报以歉意的微笑。

在李凯军女儿的记忆中，爸爸总是天还没亮就已经离开家，夜深了，自己都睡着了，爸爸才下班回来。所以在她的记忆中，与爸爸有关的画面非常少。这么多年来，爸爸没有辅导过自己功课，没有陪自己玩耍过，甚至连一起吃饭都是一种奢望。

李凯军回忆说："女儿小的时候，每次看到我正常时间下班回家都高兴得跟过大年似的，一提到爸爸，女儿马上就会说出几个字——爸爸忙。"

有一次，学校搞活动，主题是——爸爸，女儿写下了自己的真实感受和愿望：

爸爸，我平时胆子很小，不敢参加什么大型集体活动，但是我想借这次节目，跟您说说心里话。

我已经十岁了，在这十年里，您把我从一个满地乱爬的小女孩养成了一个懂事的大姑娘，我从心里感谢您！但我从来没有对您说过那五个字，在这里我把它说出来：爸爸，我爱您。

爸爸，我希望您能听听我的心里话。

爸爸，我知道您很忙，也很累，但我希望您从百忙中抽出一些时间陪陪我。您每天早出晚归，很辛苦。只要我一听到别的同学跟我说周六周日他爸爸陪他去游乐园，我就默默地走开了，因为我的爸爸很忙、很优秀，没时间陪我玩。我很羡慕他们。

爸爸，我希望您能从百忙之中抽出一丁点儿时间来陪陪我，行吗？

"爸爸总认为，他对不起奶奶，对不起妈妈，对不起我，其实他最对不起的是他自己，他太不爱惜自己的身体了。"这是长大成人的女儿，对父亲最深刻的理解与支持，也是对像李凯军这样的工匠们最崇高的敬意。

李凯军为了工作，牺牲了陪伴家人的时间，同时，他还因为长年累月地加班和超负荷、不知疲倦地工作，三十多岁就患上了高血压，由于后期没有很好地控制，他又因脑梗死住进了医院。

2010年，当全国劳动模范的评选工作如火如荼地进行时，一汽集团毫不犹豫地推荐了李凯军。

在4月的一个明媚日子里，工会的领导找到了李凯军，脸上洋溢着喜悦的笑容："李凯军，好消息！你被评为全国劳模了！这是对你辛勤付出的最好肯定。"

"我……我真的评上全国劳模了？"这突如其来的喜讯让李凯军感到既惊喜又激动，他几乎不敢相信自己的耳朵，手足无措地站在那里。

"没错，千真万确！李凯军，全国劳动模范，这是你的荣誉！"领导肯定地点了点头，笑容中充满了赞赏。

李凯军激动地连连道谢："谢谢领导！谢谢组织！这份荣誉不仅属于我个人，更属于我们整个团队。"

"小伙子，你的表现一直都很出色，是我们厂的骄傲！"领导拍了拍李凯军的肩膀，鼓励道，"继续加油，再接再厉，未来还有更多的挑战和荣誉等着你！"

这个好消息像初夏的阳光一般温暖而明亮，洒在李凯军的心头，让他感到无比的舒畅和愉悦。

作家托尔斯泰曾说过："幸福存在于生活之中，而生活存在于劳动之中。"李凯军从小就非常热爱劳动，在劳动中他总能获得无穷的乐趣。在他心里，他一直把全国劳模当成自己学习的榜样。在不惑之年，他实现了自己梦寐以求的人生理想。

⊙ 上图　2009年，李凯军代表中国技术工人赴欧洲考察员工远程培训和创新项目留影

⊙ 下图　2010年，李凯军参加全国劳动模范和先进工作者表彰大会留影

"我一直都有这样的信念，我要在劳动中创造自己的价值。"李凯军说。

全国劳动模范是党中央、国务院授予在社会主义建设事业中做出重大贡献者的荣誉称号。新中国成立以来累计表彰全国劳动模范和先进工作者三万多人，从1989年开始，形成了五年一次的固定届次，一次表彰近三千人，基本上是在每五十万人中选出一个，能被评为全国劳模是非常不容易的。这是一项至高无上的荣誉。获得这项荣誉是组织上对李凯军多年以来任劳任怨、锐意进取、勇于创新、无私奉献的褒奖和肯定，更为李凯军下一步工作指明了方向，也提出了更高的要求。

闲下来的时候，他会不由自主地想："要是父母都还在，该多好啊！他们要是知道我被评为全国劳模了，一定会为儿子感到高兴的！"男儿有泪不轻弹，只因未到伤心处。他想着想着眼泪就下来了。他悄悄地抹掉眼泪，长长地叹一口气，思绪又回到了现实。

"以前自己把全国劳动模范当作努力的目标，当获得这项殊荣后，兴奋之余，更多的是感受到了一种压力和责任。我觉得自己需要有更大的担当和作为，发挥更大的作用，为企业、为社会创造更大的价值，做出更大的贡献，这才是真正地实现自己的人生价值。"李凯军说。

作为新时代技术工人的优秀代表，李凯军不仅对自己要求非常严格，而且对企业、对国家都有很强的责任感。他凭着过硬的本领和高超的技艺，一次次地为一汽铸模厂打响品牌，同时他在业内也树立起了很高的声誉。

随着李凯军的名气越来越大，很多企业怀着各种不同的目的找到李凯军——他们想来"挖墙脚"。

有一次，有一家模具厂托熟人找到李凯军，想请他为他们厂加工一套自创品牌的模具，并表示："报酬不是问题！"

李凯军深知，如果自己被金钱蒙住双眼，会对自己的企业造成多大的损失。他毫不犹豫地回绝了这个千方百计来"挖宝"的企业。他说："如果我没有赶上当前这个好时代，没有一汽对我的培养和各级组织、各级领导对我的关怀和支持，就没有我李凯军的今天。我现在能做的是尽自己的绵薄之力为国家、为社会、为一汽多做点儿事，来回报大家对我的厚爱。"

他的同事给他算了一笔账，说他一年完成工时有七千多小时，相当于一年干了三年的活儿。工友们开玩笑说："李凯军二十年前就已经把他这一辈子应该干的活儿全干完了。"

李凯军正是凭着自己对工作近乎痴迷的热爱，对极致持之以恒的追求，对技术心无旁骛的专注，对产品精益求精的打磨，以百折不挠的坚定信念和常人难以想象的艰苦付出，用实际行动对劳模精神和工匠精神做出了完美诠释。

⊙ 上图　2012年，李凯军在现场操作工件
⊙ 下图　2016年，李凯军对工件进行精准的手工打磨

⊙ 2016年，李凯军在现场操作工件

第五章　大国工匠

"徒弟就是最好的作品"

对李凯军来说，徒弟就是他最好的作品，徒弟更是他绝技、绝活儿的延续。

尽管平时手里的工作已经让李凯军无暇分身，可他还是给徒弟量身制订学习计划，每周一题、每月一课、定期培训……为了给徒弟们打好底子，李凯军经常利用点滴时间手把手地指导大家。

"姿势要对，手法要熟，方法要巧，出手要准。"

李凯军手把手地指导徒弟们每一个动作，纠正他们每一个错误的做法，把几十年积累的宝贵经验和绝技、绝活儿都一一传授给他们。

做事先做人，产品即人品。这不仅是李凯军对所有徒弟入门时的寄语，更是他多年来秉持的人生信条和职业准则。对于徒弟的教导，李凯军总是全方位、无死角。他强调待人接物要谦和，尊师重道要真诚，团结互助要热心，爱岗敬业要执着。每一个细节，每一个方面，都浸润着他的严格要求和正能量。

他经常对徒弟们说："传授技艺固然重要，但更重要的是培养你们的职业素养和人格魅力。"他深知，一个优秀的工匠不仅要有精湛的技艺，更要有高尚的品格和坚定的信念。

多年的实践与探索，让李凯军形成了自己独特的育人之道。他常常对徒弟们谆谆教诲："想要成为真正的行家里手，必须耐得住寂寞，不贪图一时的速成；要勤奋学习专业知识，刻苦钻研技能；要敢于挑战传统，勇于创新突破，追求卓越品质；更要具备永不服输、永不言败的精神。只有这样，才能不断攀登技术的高峰，实现人生的最高价值。"

李凯军在对徒弟的悉心培养中，既有严格管理的"铁腕"，又有体恤爱徒的"柔情"。在徒弟的眼中，他既是严师，又是慈父。这些年，他在徒弟身上花的时间比陪女儿的时间还要多。

有一次，李凯军的几个徒弟面对日复一日枯燥的抛光工作，心生浮躁，有一个徒弟对李凯军抱怨道："我再苦练，也就是掌握一项大家都会的普通技术而已。"

李凯军单独找到徒弟，以自己的亲身经历告诉他："我们只有将一项项看似普通的技术，通过自己勤学苦练做到极致，才能真正地把这所谓的'一技'变成自己的'之长'，才能真正地抢占先机，真正地立于不败之地。"

李凯军的一个徒弟痴迷打篮球，工作不太上心。李凯军找了一个合适的机会，用自己十六年的篮球功底，在篮球场上与这个徒弟切磋了一下球技。这让徒弟大吃一惊，他说："没想到师傅不仅是钳工技术大拿，连打球也比我们厉害！"

⊙ 2016年，李凯军（右二）向徒弟们传授技艺

这件事对这个徒弟产生了极大的触动，他主动找到师傅。通过交流后这个徒弟才知道，师傅不仅打篮球厉害，而且足球、排球、羽毛球、跳绳、象棋等项目都是高手，很多次在集团和省、市比赛中取得优异的成绩，这让他对师傅瞬间肃然起敬。

李凯军不失时机地通过自己的亲身经历告诉徒弟，他现在无论做什么事，都是以追求极致为目标，做任何事的标准都是没有最好，只有更好，要追求完美。这种性格已经深深地融入了他的血液，也就是说，工匠精神已经融入李凯军生活的每一个细节中。

师傅的经历让徒弟暗下决心："如果不把自己手里的活儿干得漂漂亮亮的，我都没脸见师傅！"

现在厂里引进了很多自动化设备，减轻了钳工的劳动强度，加上李凯军作为一名老钳工，他已经将模具钳工制造的路线、流程"蹚"了出来，慢慢形成了自己的体系，现在他的工作较年轻时轻松了许多。即便这样，李凯军还是常常把锉刀拿在手里。所谓"拳不离手，曲不离口"，这是一个匠人多年养成的习惯，更是他们技艺精湛、本领高超的秘诀。

"极致标准，极致要求"是李凯军始终如一的追求，他身体力行地为"大国工匠"做出了完美的诠释，用榜样的力量为徒弟们做出了表率。

为了带出一支品德优、技艺强、肯奉献、勇担当的高技能人才队伍，李凯军在培养徒弟上不仅投入了大量的时间和精力，同

⊙ 上图 2016年，李凯军（右二）为徒弟们讲解模具装配要点
⊙ 下图 2017年，李凯军（左二）和徒弟们进行交流

时他还不失时机地创造一些机会，增强团队凝聚力。他经常自己出资组织各种形式的拓展训练和野外郊游，也在他和徒弟们之间形成了一条不成文的规定——吃饭从来不让徒弟买单。有几年受到市场的影响，企业效益处于低谷期，他考虑徒弟们年轻，没有什么积蓄，连续几年把自己的奖金拿出来平均分给大家。

付出终有回报，现在令他倍感骄傲的是，徒弟们在他的言传身教下，已经成为各条战线上不可或缺的骨干力量，成长为企业的顶梁柱，而且还在各种赛事上崭露头角、摘金夺银。

2012年，由中华全国总工会、科学技术部、人力资源和社会保障部、工业和信息化部共同举办"第四届全国职工职业技能大赛"。这项赛事从2003年开始，三年举办一次，每次以各个省和直辖市为参赛单位，每个代表队可出三名队员，经过理论和实操双重竞技，最后在近百名选手中，决出大赛冠、亚、季军等一系列名次。这个比赛的参与面之广是前所未有的，试题的难度也很有挑战性。

李凯军作为吉林省代表队的教练和技术指导员，对试题进行了研究和分析，他根据试题的特点，为徒弟们量身制订了相应的训练方案和训练计划。

例如，针对比赛经验少、缺乏取胜信心的朱伟东，李凯军通过现身说法讲解自己成功前的曲折经历，为朱伟东树立榜样，增强了朱伟东的信心；针对干活儿灵气有余但工作不够踏实的刘岩，李凯军为刘岩讲解了以往这类选手曾经走过的弯路，从而让刘岩从内心深处对自己存在的问题有所反思和警醒。

李凯军面对面地为徒弟讲解加工技巧，手把手地教他们操作技法，一分一秒地计算加工时间，在他的倾囊相授和严格要求下，徒弟们的操作水平突飞猛进。他们不仅在加工质量上有了很大的提高，在操作用时上也从原来耗时九个多小时缩短到六个小时以内，完全满足了比赛的要求。经过一个多月的集训，李凯军的徒弟们信心倍增，最后通过六个小时的激烈角逐，三名徒弟分别夺得了大赛的第一名、第十名和第十二名，并成功夺得团体冠军。

徒弟朱伟东摘得了全国钳工状元的桂冠，被中华全国总工会授予全国五一劳动奖章。

李凯军的另一个徒弟刘岩，在一汽技工学校读书时，就听闻学长李凯军的大名——全国劳动模范、中华技能大奖得主、全国著名的工匠……在刘岩眼里，李凯军是偶像般的存在。因此，当有机会进入李凯军所在的一汽铸造有限公司时，刘岩没有丝毫犹豫："他在哪里，我就去哪里！希望有朝一日我也能成为像他一样的工匠。"

入厂后，李凯军的严格要求、言传身教让刘岩有了全方位的成长。

有一次，一个大模具的深腔铣刀无法加工，刘岩用从李凯军那儿学到的技术，硬是用手工给修了出来，砂轮打磨时的飞沫溅到脸上，整个人脏得看不出样子。由于工作表现突出，入厂仅仅一年，刘岩就被一汽集团以高技能人才的身份从劳务工破格转为一汽正式职工。刘岩说："这让我更加深刻地体会到，是金子总会发光，但要在无数次打磨之后。"

不过连刘岩自己也没想到，日后他竟成了李凯军最不省心的徒弟之一。

2008年，国际金融危机席卷全球，企业效益受到严重冲击，刘岩的收入也大幅缩水。与此同时，他的父母患病，谈了四年的女朋友也离他而去。这些打击让一向积极上进的刘岩倍感压力，他变得消沉起来，甚至产生了辞职的念头。

"我不当工人了，我要出去挣大钱！"刘岩曾一度心灰意冷地宣布。

李凯军得知这一情况后，深知刘岩是一块难得的钳工璞玉，不能因为一时的困境而毁了他的前途。于是，他花了整整两天时间做刘岩的思想工作，用自己的经历和见解开导他，告诉他人生中总会有起伏和波折，但重要的是如何面对和克服。

在李凯军的耐心劝导和真诚感召下，刘岩逐渐抛却了浮躁的心态，重新振作起来，发奋钻研钳工技艺。他不再被眼前的困境所束缚，而是将全部精力用在学习和实践上，努力提升自己的技能水平。

功夫不负有心人，经过多年的努力，刘岩终于破茧成蝶，修成正果。2018年，在第六届全国职工职业技能大赛上，他凭借出色的表现夺得了钳工冠军的殊荣，并被人力资源和社会保障部授予"全国技术能手"称号。

一花独放不是春，百花齐放春满园。

李凯军在培养徒弟上，不仅有朱伟东、刘岩这样的全国冠军，更有一支技术队伍。

在2020年，李凯军又接到一项任务——带领六名徒弟代表公司备战中国铸造行业模具工技能大赛。这也是他们首次参加此类大赛，徒弟们闻讯后纷纷摩拳擦掌，一个个跃跃欲试。李凯军并没有被以前取得的成绩冲昏头脑，他上网认真查找资料，客观地分析历届此类大赛试题的特点，为徒弟们找了各种题目，组织大家逐一练习。他还对心浮气躁的徒弟及时地敲警钟。六个徒弟在师傅的严格要求下，人人勤奋、个个争先，有的一干就到了午夜，有的在自己家里购置了钳台，真正地做到了废寝忘食。

苦心人，天不负。大赛如期而至，六个徒弟如出山猛虎，通过理论和实操的竞赛，一举夺得了此次大赛模具工前六名的好成绩，其中前三名被人力资源和社会保障部授予"全国技术能手"称号。

现在，李凯军亲自培养半年以上的徒弟已有一百六十余人，其中既有本厂的员工、一汽集团其他专业厂的员工，也有长春市其他企业的职工，还有不远千里慕名找他拜师学艺的退伍军人。通过他的言传身教，徒弟们都已在单位成为各条战线上的生产骨干。

由李凯军牵头的国家级技能大师工作室——李凯军技能大师

⊙ 上图　2014年，李凯军（中间手持本子者）受邀赴通化地区开展专业
　　技能讲座
⊙ 下图　2014年，李凯军在全国机械冶金建材系统工会主席培训班作讲座

⊙ 2015年，李凯军（左一）在工作室实训现场指导新入职复员军人操作

工作室，被中华全国总工会命名为"全国示范性劳模和工匠人才创新工作室"。这些年来，李凯军技能大师工作室已经成为模具厂高技能人才的学习基地。李凯军经常受邀到各地开展励志、创新、育人及管理等方面的讲座。据不完全统计，现在已经有社会各界人士二十余万人听过他的讲座，他的足迹也遍布祖国的大江南北。

李凯军用日渐苍老的面容换来了徒弟们一个个脱颖而出。李凯军年轻时，一头浓密的黑发，身材挺拔，一笑起来，别人都说他特像韩国一位男演员。可如今，久未谋面的亲戚和老友一见到他，都会惊讶："老李，你怎么这样了？"

每逢这时，李凯军都会抚摸着已有些稀疏的头发笑答："这是岁月给我的勋章。"

单位的领导这样评价李凯军："李凯军原来是用精湛的技艺为企业创出了一个品牌，现在是用博大的胸怀为企业带出了一支队伍。"

现在，李凯军领衔的劳模工作室，获批国家专利19项，培养出3位全国状元、7位全国技术能手、18位高级技师、7位技师和3位高级工。其中的优秀干将朱伟东、吕萌、刘雨松等已走上技术管理岗位。

"看看我的徒弟，不是我自夸，真是个儿顶个儿都是好样儿的！"李凯军满意地说，"我这么多年操的心、花的心血，值了！"

大国工匠年度人物

　　虽然李凯军已经获得了很多荣誉，在业内已经有了很高的地位，但他还是喜欢在一线工作。

　　"人的价值只有在劳动中才能体现出来。"李凯军说，"我得工作，我得劳动，我闲不下来。我从小就热爱劳动，现在工作就是在劳动。我热爱我的工作，我觉得我很适合做这个，我在工作中找到了乐趣，找到了人生的价值和意义，也拥有了成就感。"

　　或许，爱劳动的习惯已经融入他的血液，全心全意、精益求精地工作已经成为他的生活方式。在他看来，这并没有什么，生活就该如此，这是他长年累月对自己严格要求的结果，他已经习惯了这样的生活。我们在他的身上仿佛可以看到保尔·柯察金的影子。

　　保尔·柯察金是苏联作家尼古拉·奥斯特洛夫斯基创作的小说《钢铁是怎样炼成的》中的男主角，他视劳动如生命，更是把自己的全部生命都倾注在了劳动之中。他说："不停留在已经取得的成绩上，而是勇敢地劳动，努力把劳动的奖品长时间地握在自己的手中。"但保尔·柯察金最广为人知的名言是另一句话：人最宝贵的是生命，生命每个人只有一次。人的一生应当这样度过，当回忆往事的时候，他不会因为虚度年华而悔恨，也不会因为碌碌无为而羞愧；在临死的时候，他能够说："我的整个生命和全部精力，都已经献给了世界上最壮丽的事业——为人类的解放而斗争。"

2017年3月21日下午，《中国汽车报》主办的中国汽车业十大工匠评选颁奖盛典，在北京金台西路2号人民日报社报告厅隆重举办。李凯军成功入选"汽车生产和制造十大工匠"榜单。给李凯军的颁奖词这样写道：

"模具平滑光亮，是他一遍遍抛光而来；制件精度分毫不差，是他细心雕琢而成；模具工艺的改进，是他从体力冲锋到脑力创新的跨越；徒弟们成为公司生产的主力军，是他以情传授结的硕果。"寥寥数语勾勒出李凯军的工作画像。

2019年，李凯军作为中国高技能人才的杰出代表，受邀参加庆祝中华人民共和国成立70周年大会，这已经是他第二次参加国庆活动了。李凯军激动地说："作为一名普通的一线技术工人，能受到国家的邀请到天安门前，参加这么隆重的国家庆典，能见到总书记，这是我以前做梦都不敢想的事情。"

他一次次感慨道："自己赶上了一个好时代，赶上了一个英明的政党，赶上了一个强大的国家，自己只有加倍努力地工作才能回报党、回报国家。"

2019年8月，中华全国总工会、中央广播电视总台联合启动2019年"大国工匠年度人物"评选活动。活动采取各省级工会、全国各产业工会推荐，与职工群众推荐、自荐相结合的方式评选。

"李凯军各方面条件都符合，我们把他推荐上去。"工会领导说。

李凯军知道这件事，但他并没有放在心上。对于他来说，做好手头的工作才是最重要的事情，荣誉和奖励都只是随之而来的副产品。而在现实生活中，很多人常常本末倒置，他们把眼光紧紧盯在荣誉和奖励上，却不好好干工作。

2020年，2019年"大国工匠年度人物"活动评选结果揭晓，李凯军的名字赫然在列。

"评上了！真的评上了！"厂里的工会领导在查看评选结果时，激动得几乎要跳起来。他连忙拨通李凯军的电话，想要第一时间把这个好消息告诉他。此时的李凯军，正全神贯注地在车间里制作模具，手上的每一个动作都显得那么精准而有力。

"李凯军，有个好消息要告诉你！"领导的声音里充满了喜悦。

"什么好消息？"李凯军停下手中的活计，接过电话。

"恭喜你，你被评为2019年大国工匠年度人物了！"领导的话音刚落，电话那头便陷入了短暂的沉默。

李凯军愣住了，他一时不知该如何回应。这个奖项的含金量

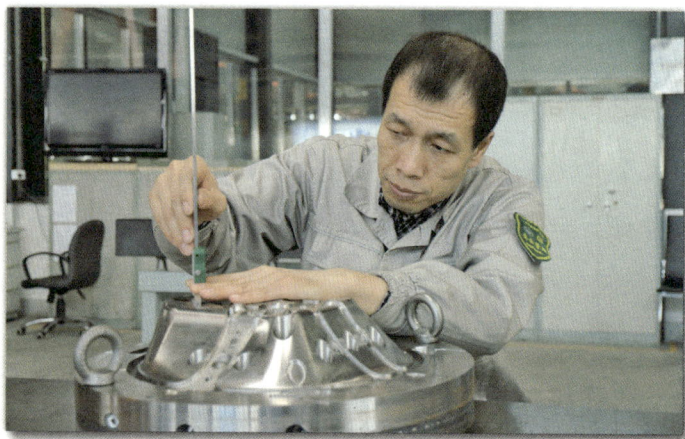

⊙ 上图　2019年，李凯军参加庆祝中华人民共和国成立70周年大会的现场留影

⊙ 下图　2019年，李凯军在现场操作工件

极高，对他来说无疑是一种极大的肯定。过了好一会儿，他才回过神来，嘴角咧开，露出了一抹朴实而满足的笑容。

"师傅，您笑得那么开心，是不是有什么好事啊？"旁边的徒弟们好奇地凑了过来。

"就是获得了一个奖。"李凯军轻描淡写地说道。

"什么奖啊？"徒弟们追问。

"2019年大国工匠年度人物。"李凯军微笑着回答。

"哇！"徒弟们惊呼出声，随即爆发出一阵热烈的掌声。

"恭喜师傅获得大奖！"

"师傅真是太厉害了！"

"师傅请吃饭！这事必须庆祝庆祝！"

大伙儿七嘴八舌地说。

"好好好。"李凯军笑着说，"现在大家得先把手上的工作做好！不能因为庆祝而影响了工作进度。"

李凯军被评为"大国工匠年度人物"是实至名归。他立足岗位30余年，凭着自己坚定不移的信念和持之以恒的追求，用常人难以理解的艰苦付出，将手工操作推向了极致——老式铣床的加工精度在0.2毫米，有的数控机床可以控制到0.03毫米，而李凯军的双手，能将精度缩小到0.01毫米——达到了出神入化的境界。他精益求精，将自己做的每一件产品都打造成让人赞叹不已的工艺品。由他操刀完成的复杂模具不计其数，他改进、创新技术近百项，填补了多项压铸模具制造技术的空白。毫无疑问，他

⊙ 2020年，李凯军参加录制《"大国工匠2019年度人物"颁奖典礼》

是压铸模具制造行业里最优秀、最杰出的代表。

或许在工作的时候他从未想过为了荣誉和奖励而做，他只是一心一意地把手头的工作做好，当荣誉和奖励降临到自己身上时，他仍然开心得像一个孩子。荣誉和奖励是对他劳动的认可、工作的认证，更是对他的鼓励。他说："大国工匠这项荣誉，让我感到了无上的光荣和骄傲，同时也深知成为国家级工匠的责任和使命，而且更加深刻地感受到了国家对高技能人才的期盼和寄予的厚望。荣誉所肯定的是过去的表现，过去已经成为过去，我们不能沉醉在过去的成绩中，接下来怎么做才是最重要的事情。"

虽然李凯军已经获得了多项荣誉称号和职级，但是他仍然愿意别人称他为"工匠"。

何为工匠？《荀子·儒效》中有言："人积耨耕而为农夫，积斫（zhuó）削而为工匠，积反货而为商贾，积礼义而为君子。"这句话的意思是：人积累锄草耕田的经验就成为农夫，积累砍削的经验就成为木匠，积累贩卖货物的经验就成为商人，积累礼义的经验就成为君子。这里的工匠特指木匠，强调的是经验的积累，这也是工匠最初的含义。随着社会分工越来越细，各个行业都有技艺高超的工人或匠人，于是，我们就把有工艺专长的匠人统称为工匠。

何为大国工匠？简单来说，就是在某些行业里各方面都特别突出的工匠，从某种意义来说能够代表国家在这个行业里的最高技艺水平的人,才可以称之为"大国工匠"。

大国工匠是一个国家的高技能人才,是支撑科技成果转化的必备资源,是无法借助外力的有生力量,是企业梦寐以求的优质资源,是推动企业和国家发展的不竭动力,是国家砥砺前行的宝贵财富。

多年以来,李凯军用坚守与积淀、钻研与技改、执着与前行,诠释了一名大国工匠的成长历程。

他深知,没有国家的富强,就没有人民的幸福、社会的安康,而国家的富强需要每一位劳动者兢兢业业地工作、踏踏实实地劳动。作为劳动者的杰出代表,他有责任和使命在自己的岗位上,用诚实的劳动、精湛的技艺、不懈的进取,为国家的富强、民族的复兴贡献力量、创造价值,用辉煌的业绩报效祖国。

完成"巨无霸"项目

2022年年初,李凯军接到国内"巨无霸"压铸模具制造任务。

这个项目是我们民族自主品牌红旗车的一体化压铸车身后地板模具,是一款高度集成(74件)的超大型复杂车身压铸件,此件为目前国内尺寸最大的车身后地板产品,相关模具技术的应用达到了行业领先水平。同时该项目也是一汽集团公司产品历史上一次重大突破，更是铸锻公司结合当前新能源汽车发展形势，又一个里程碑式的跨越。

由于此项目属于首次开发，没有相关领域的设计制造经验，李凯军带领团队面对这个超大的产品、超大的模具、超大装备的关键项目，顶着一无经验、二无设备、三无场地、四无人员的诸多巨大挑战，义无反顾地承接了这个"巨无霸"项目。

模具历时近八个月的前期工作，于2022年11月15日终于进入了最后装配阶段。为保证整车开发计划的顺利推进，确保模具的制造进度和质量，一汽铸造有限公司克服了满负荷生产、人员紧张的困难。李凯军带领由六名同志组成的装配团队抵达模架外协厂家进行预装配工作。在这家国内数一数二的民营模架厂，他们夜以继日的工作状态及挥洒自如的精湛技艺，既展现了工匠精神中的精益求精、追求卓越，又体现出劳模精神中的艰苦奋斗、甘于奉献。这让这家民营企业的董事长十分震撼，他说："你们太敬业了！太佩服你们了！你们完全颠覆了我以前对国有企业员工的固有印象。"

这位董事长还多次向李凯军组长发出诚挚的邀请："我想邀请你们为我们公司员工作一场专题讲座，让我们也学习学习！"

在大家的共同努力下，经过十一天紧张奋战，他们圆满地结束了模具的预装配工作。紧接着，他们马不停蹄地从江苏转战到浙江宁波的一家模具厂，开启模具最后阶段的整体装配工作。由

⊙ 2022年，李凯军赴江苏模架厂加工红旗重点项目

于模具结构复杂，装配工作量巨大，李凯军带领项目组的同志每天都工作至少十五六个小时，他们每一个人都疲惫不堪。

就这样，在大家的艰苦奋斗下，大模具于2022年12月12日完成装配，整个装配过程耗时29天，比原定计划提前8天，为后续一系列工作争取了宝贵的时间。

12月13日，他们刚回到长春，马上就接到了通知："明天模具进行最终的调试，从浙江宁波发往广东佛山的模具预计将于12月14日晚提前运抵调试地点。"这意味着他们需要立即启程赶往调试现场。

他们马上预订了12月14日的机票。还没有来得及休整，又要奔赴另一个"战场"。

就在李凯军刚到家的那天晚上，他的妻子发烧到39.8摄氏度，状态很不稳定。出发前，他和爱人隔着小小的门缝儿远远相望，正被病痛折磨的妻子满眼含泪地问道："老公，你能不能不走？"

他们已经结婚多年，妻子对李凯军再熟悉不过——他简直可以用"工作狂"来形容，工作就是他的生命，他忙起来什么也顾不上，他怎么可能舍弃工作留下来呢？妻子理解他，也一直默默地支持他，但在这个时候，她仍然渴望李凯军能留下来陪伴自己。

李凯军的心里早已翻江倒海，他很矛盾，也很心痛，他也想待在家里照顾生病的妻子，可是他知道，工作不能缺了他。他不敢直视妻子的眼睛，对于妻子，他有太多的愧疚。

"我忙完工作马上就飞回来陪你！"李凯军强忍着泪水，回答道。

"我准备了一些日用品，这几天你照顾好自己。"他侧着脸说，"我走了。"

他匆匆出门，啪的一声，门关上了。两滴泪水滚落下来，他赶紧用手抹去。

12月14日，李凯军一行到达广东佛山模具调试地点。

如果说最初的模具装配需要的是长时间的体力付出，那么后期调试阶段考验的则是在艰苦环境下的顽强意志。

到佛山后不久，李凯军和他的团队成员相继生病，身体不适的他们身处异乡，每一分钟都饱受着病痛的煎熬。然而时间不等人，为了追赶进度，为给整车开发赢得更多宝贵时间，他在生病后第三天，拖着发高烧的身体坚守在调试现场。就在这个时候，模具上有四根型芯临时需要截断。考虑到模具拆卸、安装和预热的等待时间过长，他最终决定在不拆模具的情况下进入设备中，手工截断型芯。正常生产下模具的温度在260℃左右，人稍微挨近一点儿都会觉得酷热难耐，更别提还要在近距离高温蒸烤下从事这种高难度、耗体力的操作了。这既需要高超的技术、充沛的体能，更需要强大的毅力和耐力。这对于还在病中的李凯军和项目组成员来说无疑是个巨大的挑战，纵然已身经百战，大家仍面露难色。

这时，已经五十多岁的李凯军，身为项目组长身先士卒，钻入高温模具的动静模空隙中用角磨机开始打磨型芯。高温热浪扑面，狭小的操作空间难以转身，操作难度之大可想而知，刚进去两三分钟，汗水就流进眼睛里，灼烤和刺痛折磨着他，二十多分钟后，第一根型芯终于被成功截断。等他从模具中钻出来，身上的衣服早已湿透，汗水滴滴答答地往下淌，他整个人心跳加快、呼吸困难、几近虚脱，躺倒在椅子上无法动弹，直到一个小时后才逐渐好转。后来大家才知道，他本身有冠心病，而且相关数值已经严重超标。在他的带领下，项目组成员依次进入，顶着高温，拖着病体，最终顺利完成了这项看起来无法完成的任务，调试工作得以继续进行。

功夫不负有心人，最终所有的付出盼来了回报。这套超大型复杂模具首次压射即完整成型，后续连续压射动作流畅，这一结果令整个项目团队欢呼，更让整个业界折服。

劳模工匠是怎样炼成的

2000年以来，李凯军年年因表现优秀和业绩突出受到表彰和奖励，获得"一汽集团公司劳动模范"、"一汽集团公司模范共产党员"、"长春市劳动模范"、吉林省"创新创效四手建功标兵"、团中央企业工委"先进个人"、"中国机械工业突出贡献技师"、"吉林省技术能手"、"全国技术能手"、"中华技能大奖"、"全国劳动模范"、2019年"大国工匠年度人物"等多项荣誉，被评定为吉林省第一批工人专家、一汽集团一级操作师、非劳动职务高层次人才，享受长春市政府高技能人才特殊政府津贴和一汽集团公司高级经理待遇。在成功和荣誉面前，李凯军没有丝毫的满足感，有人问李凯军："荣誉、声望和待遇都有了，你还想要什么？"

"我还要学习，要不断提高自己，争取为一汽和国家多出点儿力。"他回答。

自参加工作以来，他不仅刻苦钻研模具钳工的知识和技能，而且与此相关的车、铣、刨、磨、电火花、坐标镗床，以及工艺、设计等方面的知识都一一自学，他具备了多方面的知识和技能，真正成为高水平的知识型、复合型技能人才。别人认为，作为一个技术工人，发展到李凯军这样的水平，已经到顶了，李凯军却给自己提出了更高的要求——加入成人自学的队伍，他通过六年的坚持在职自学和函授学习，先后获得两个大学本科毕业证书，而且还考取了学士学位。

不间断学习，对产品精益求精，对质量一丝不苟，这是李凯军的工作原则，这个信念伴随着他已经走过了职业生涯的三十多个寒暑。同事们对李凯军的评价是："他最大的优点是做事认真，缺点则是做事太认真。"

　　这一路走来，他感慨万千。也有人问他成功的秘诀是什么，他说："第一，一个坚定的信念。我认准这个事，再大的困难我都能克服，有时候连续干几天几夜，真是快撑不住了，我就是靠信念支撑自己，任何时候我都能凭信念坚持下来。第二，持之以恒，在我的人生中我坚持做成了很多事情，比如以前我体重214斤，我说减肥就能坚持减下来，现在我只有160斤；为了保持体能，我每天坚持做400个俯卧撑，已经坚持了16年；为了保证手的稳定性，我已经坚持20年滴酒不沾。第三，追求极致，追求完美，精益求精。我做事有自己的标准，而且我的标准要比别人高。第四，百折不挠的韧劲儿。做任何事，只要有一分的希望，我都要为之付出百分之百的努力。"

　　李凯军成功的秘诀，听起来是如此的简单，正所谓"大道至简"，人生的许多大道理，往往都是极其简单的，但简单的道理数十年如一日地身体力行，就很难了。

　　无论是在工作上还是在生活中，不管做什么事，李凯军都力求做到完美。他说："工件只要是出自我李凯军之手，我就不允许它有任何瑕疵，这是我给自己设的底线和标准。其实，在实际的工作中，并没有人会这样来要求你，你只要达到基本标准就可以了，但我对自己有要求，而且我的要求比别人高，我要保证自己做的每一件模具都是精品。"

　　或许，所有优秀的人都是如此吧！及格对于他们来说是不能满足的，必须做到极致。正是因为执着，在工作中他们才会不断钻研、不断学习、不断突破、不断创造属于自己的奇迹。

对于李凯军来说，工作就是他的生活，工作就是他的生命，工作已经熔铸在他的血液中。或许这就是对工匠精神的最好诠释。

金庸先生创作的武侠小说《神雕侠侣》中有这样一个片段，杨过去探查了独孤求败留下的剑冢，并从中领悟了武学的五重至高境界。独孤求败一生驾驭五剑，每剑皆是他剑道生涯不同阶段的象征，并蕴含着他的深刻领悟。

倘若将李凯军喻为一位行走江湖的侠客，那么模具制作便是他所精通的武学，而他手中的锉刀，无疑是他的得力武器。看他手中锉刀翻飞，锉削之间，刀光剑影，削磨之刻，气韵生动。每一刀下去，都是对模具的细细雕琢，每一次抛光，都是对完美的无尽追求，每一个动作都如行云流水般流畅，仿佛是一场视觉盛宴。经年累月的刻苦修炼，李凯军已将这门武学参悟得炉火纯青。模具在他手中，仿佛有了生命，从粗糙的原料蜕变为精妙绝伦的工艺品，每一件都凝聚着他的心血与智慧。而他与锉刀的配合，也已达到"人刀合一"的至高境界，心随意动，刀随心动，二者之间，已无半点隔阂。这种境界，既是技艺的巅峰，也是心境的升华。在这一境界中，锉刀已不再是简单的工具，而是他内心力量的延伸，是他灵魂与技艺的完美融合。

每当他沉浸在模具制作的世界中，便仿佛与锉刀合为一体，共同创造出无尽的奇迹。这种"人刀合一"的至高境界，不仅让李凯军在模具制作领域独步天下，更让他成为一位真正的艺术大师，赢得了无数人的敬仰与赞誉。

李凯军给自己的微信取名"沃土"，他说："我的成长根植于一汽这片沃土，我的人生目标就是成为一片沃土，培养更多人成才，助推更多人成功。"

他还用亲身经历告诉身边的年轻人："要戒骄戒躁，耐住寂寞，追求属于自己的未来！"